Urlaubslesebuch

W0076507

Birgit's

Dreiundzwanzig Geschichten, die in jedes Reisegepäck gehören! Unsere Autorinnen und Autoren sind unterwegs zu Fuß, im Zug, per Auto, mit Esel oder Kajak, in Frankreich, Italien, Island, Irland, an der Ostsee, im heimischen Wald, am Mittelmeer, in den USA, im Englischen Garten oder auch ganz woanders.

Es erzählen:
Ewald Arenz, Sveinbjörn I. Baldvinsson, Dietmar Bittrich, T. C. Boyle, Alex Capus, Benjamin Cors, Donna Daponte, Madeleine d'Arcy, Don DeLillo, Marlies Ferber, Axel Hacke, Dora Heldt, Diana Hillebrand, Jess Jochimsen, Frieda-Alice Kahro, Wladimir Kaminer, Julia Karnick, Mariana Leky, Sabrina Nau, Max Osswald, Astrid Ruppert, Max Scharnigg und Florian Schneider.

Die Herausgeberin:
Karoline Adler arbeitet als Lektorin bei einem großen Münchner Publikumsverlag und stellt regelmäßig literarische Anthologien zusammen.

Urlaubs-Lesebuch

Zusammengestellt von

Karoline Adler

dtv

Originalausgabe 2023
© 2023 dtv Verlagsgesellschaft mbH & Co. KG, München
Alle Rechte vorbehalten
(Siehe Quellenhinweise S. 231 ff.)
Umschlaggestaltung: Lisa Höfner | buxdesign, München
Umschlagmotiv: fStop Images GmbH/Alamy Stock Photo
Satz: C.H.Beck.Media.Solutions, Nördlingen
Gesetzt aus der Garamond 10/12,5
Druck und Bindung: Druckerei C.H.Beck, Nördlingen
Printed in Germany · ISBN 978-3-423-21858-0

INHALT

BENJAMIN CORS

Amalfi sehen und sterben

Der Entschluss, sich heute seiner Frau zu entledigen, kam ihm, als sie die Terrasse des »Le Vongole« betraten, hoch über der Bucht von Amalfi.

Über ihnen wölbte sich der klare Himmel im milden Licht des ausgehenden Tages, auf dem Wasser schaukelten bunte Fischerboote. Entlang der steilen Treppen saßen Liebespaare auf den Stufen, die Gitarre eines Straßenmusikers war zu hören, und das Gemurmel der Passanten vermischte sich mit dem noch sanften Zirpen der Zikaden.

Er spürte ihre Hand in seiner, sah, wie sie ihr graues Haar nach hinten strich. Ihr grünes Sommerkleid war elegant, sie lächelte, als der Kellner sie freundlich zu einem Tisch begleitete. Direkt an der Brüstung, der Blick ging in die Unendlichkeit des Mittelmeeres hinaus.

Wenn sie es heute Abend wieder tut, dann bringe ich sie um, dachte er sich, während er ihr den Stuhl zurechtrückte und sich ihr gegenübersetzte. Sie war so schön, noch immer. Er saß gerne mit seiner Frau auf dieser Terrasse, auch nach all den Jahren ihrer Ehe. Und doch stand sein Entschluss fest. Heute war der richtige Tag dafür. Er war vorbereitet. Schon sehr lange.

Er wartete.

Gelassen, so wie er es unzählige Male schon getan hatte in all den Jahren ihrer wunderbaren Ehe.

Gleich würde es losgehen. Das Schauspiel.

Ein Drama in drei Akten. Aber heute würde der finale Vorhang fallen.

Angefangen hatte es auf Sylt, zwei Tage nach ihrer Hochzeit. Dann Baltrum, im Jahr danach. In der Eifel beim Zelten, am Mondsee in Österreich. Dann in Paris, sie hatte ihn auf eine Dienstreise begleitet.

Das erste Mal Italien, am Comer See. Perros-Guirec in der Bretagne, dann ihr Urlaub im Luberon. Stockholm und Kopenhagen, noch vor den Kindern.

Ihr Vorgehen war immer das gleiche. Und er hatte es erduldet.

Rimini mit den Jungs, die heißen Strände von Kreta. Urlaube in den Bergen, Südtirol und die Steiermark.

Auch dort, das Gleiche. Und mit jedem Mal hatte er es ruhiger hingenommen, er nannte es »Die Kunst des Kriegers im Angesicht des Unausweichlichen«. Seine ihm angeborene Sanftmut und sicherlich auch seine Liebe zu ihr trugen ihn durch schwere Momente auf Sizilien, durch so manchen Campingurlaub in Istrien und auf Lošinj. Es war einfach unausweichlich, auf jeder Terrasse, in jedem Restaurant, und sei es nur, um ein Eis zu essen: Sie tat es immer und überall.

Und heute nun würde es enden, im Angesicht der Schönheit der Amalfi-Küste. Weil er es nicht mehr länger ertrug, keinen einzigen Abend.

»Sag mal, zieht es hier?«

Es ging los. Erster Akt.

»Nein, ich merke nichts.«

»Na ja, vielleicht täusche ich mich auch. Aber ich dachte kurz, es zieht.«

Er hatte die Karte noch nicht in die Hand genommen,

es lohnte sich nicht. Sie würden ohnehin gleich wieder aufstehen.

Er dachte an die Algarve, ein Strandrestaurant, vor vielen Jahren. Damals hätte er schon beinahe aufgegeben. Nur die Atemübungen, zu denen ihm ein Kollege geraten hatte, hatten damals ein Desaster verhindert.

Er hatte es bis hierhin geschafft, er war stolz darauf. Aber jetzt war es gut.

»Du, es tut mir leid, hier ist irgendwo ein Luftzug, der mich stört. Meinst du, wir könnten an einen anderen Tisch wechseln?«

»Natürlich, kein Problem.«

Es war nie ein Problem.

»Da hinten, der ist doch prima, direkt unter der Palme.«

Sie nahmen ihre Sachen und zogen um. Wieder rückte er seiner Frau den Stuhl zurecht, wieder lehnte er sich entspannt zurück und betrachtete sie, während sie in der Karte las.

»Weißt du, was du nimmst?«

»Ja«, sagte er – und wartete.

»Riechst du das auch?«, fragte sie plötzlich und blickte sich um.

Zweiter Akt.

Die Aufführung hatte immer die gleichen Abläufe. Seit Sylt hatte sich nichts geändert, selbst als sie vor zehn Jahren das letzte Mal eine Fernreise gemacht hatten, nach Kalifornien. Im Angesicht der Golden Gate Bridge war sie zu Hochform aufgelaufen.

Und er hatte auch dort durchgehalten.

Aber fürs Durchhalten war die Amalfi-Küste schlicht zu schön.

»Nein, ich rieche nichts«, sagte er mit ruhiger Stimme.

»Ist das die Palme? Können Palmen stinken? Findest du nicht, dass die ganz schön streng riecht?«

Sie schnüffelte kurz am Stamm, zuckte dann aber mit den Schultern.

»Es wird schon gehen. Ist ja ein schöner Tisch. Ich nehme vielleicht die Muscheln.«

Er zählte in seinem Kopf bis zehn, wusste aber aus Erfahrung, dass er nicht mal bis sieben kommen würde.

»Du, entschuldige, aber das riecht mir hier doch zu komisch. Können wir vielleicht noch mal wechseln?«

Er spürte den Hass in sich aufsteigen.

»Natürlich.«

Mit einem Lächeln nahm er sie an der Hand und führte sie zu einem Tisch, der unweit der Brüstung und der Palmen war.

»Der ist perfekt.«

Der finale Akt.

Erneut rückte er seiner Frau den Stuhl zurecht, mittlerweile hatte sich die Sonne bereits vollständig hinter dem Horizont zur Ruhe gebettet. Sie blickten für einen kurzen Moment beide auf die Stadt und auf das Meer unter ihnen.

Als der Kellner kam, bestellte er teuren Rotwein, dazu Muscheln für sie. Seltsamerweise war er selbst unschlüssig, schließlich nahm er ebenfalls die Muscheln. Änderte es in ein Safran-Risotto. Und nahm schließlich den Fisch.

Als sie kurz abgelenkt war, nahm er die kleine Ampulle aus seiner Hosentasche und schüttete einige Tropfen einer durchsichtigen Flüssigkeit in ihr Glas.

Er ertrug es nicht mehr.

Es war immer der dritte Tisch. Nicht der zweite, nicht der vierte. Der erste schied völlig aus. Egal wo, in welchem Land, in welchem Restaurant, ob es Sushi gab oder Schweinshaxe, Eis für die Kinder an der Côte d'Azur oder zwei trockene Martinis in einer Hotelbar in Manhattan.

Immer der dritte Tisch.

Weil es zog, weil es roch, weil die Aussicht woanders besser war, weil die Tischnachbarn zu laut waren oder rauchten, weil der Stuhl wackelte, weil der Tisch wackelte, weil die Küchentür im Blick war, weil die Toilettentür im Blick war, weil sie im Durchgang saß, weil die Sonne blendete – alles war möglich.

Der dritte Tisch.

Es ging nicht mehr.

»Prost. Auf dich, Liebling.«

✻

Der Entschluss, sich heute ihres Ehemannes zu entledigen, kam ihr, als sie ihn beobachtete, wie er im »Le Vongole«, hoch über Amalfi, die Speisekarte des Restaurants studierte. Unter ihnen zogen Segelboote ihre weiße Spur durch das Wasser, die bunten Dächer der Häuser schüttelten allmählich die Hitze des Tages ab.

Sie betrachtete sein immer noch attraktives Gesicht, seine Haare, die grau, aber nicht weniger geworden waren, seine kräftigen Hände, die so gut massieren konnten. Das dunkle Jackett stand ihm gut. Sie saß gerne mit ihrem Mann auf dieser Terrasse, auch nach all den Jahren ihrer Ehe. Und doch stand ihr Entschluss fest. Heute war der richtige Tag dafür. Sie war vorbereitet. Schon sehr lange.

Wenn er es heute wieder tut, dann bringe ich ihn um, dachte sie sich, während er seinen Blick über die Speisen auf der Karte gleiten ließ. Sie lehnte sich zurück – und wartete.

Gleich würde es losgehen. Das Schauspiel.

Ein Drama in drei Akten. Aber heute würde der finale Vorhang fallen.

Angefangen hatte es bei einem Kurzurlaub an der Mosel, zwei Monate vor ihrer Hochzeit. Das war sein erstes Mal, sie würde es nie vergessen. Dann im Bayerischen Wald, ein halbes Jahr später. Paris war schlimm gewesen, ein Café in Montmartre.

Dann das erste Mal Italien, am Comer See. Deauville in der Normandie, ein Skiurlaub mit Freunden im Engadin. Edinburgh, noch vor den Kindern.

Das Vorgehen war immer das gleiche. Und sie hatte es so lange erduldet.

Rimini mit den Jungs, die heißen Sommer in Catania. Immer das Gleiche, in Cornwall, in der Toskana und selbst in einem Wellnesshotel im Weserbergland.

Und mit jedem Mal hatte sie es ruhiger hingenommen, sie nannte es »Die Kunst der Kriegerin im Angesicht des Unausweichlichen«. Ihre angeborene Ausgeglichenheit, ihr Gleichmut und sicherlich auch ihre Liebe zu ihm trugen sie durch schwere Momente auf einer Loire-Kreuzfahrt, durch so manchen Fahrradausflug an der Donau und im Altmühltal. Es war einfach unausweichlich, auf jeder Terrasse, in jedem Restaurant, und sei es nur, um ein Eis zu essen: Er tat es immer und überall.

Bis zum heutigen Abend, im Angesicht der Schönheit der Amalfi-Küste. Weil sie es nicht mehr länger ertrug, keinen einzigen Abend.

»Sag mal, glaubst du, die Muscheln schmecken mir?«

Es ging los. Der erste Akt.

»Natürlich, du liebst doch Muscheln«, sagte sie mit ruhiger Stimme. »Und das Restaurant ist berühmt dafür.«

»Prima, dann nehme ich die. Zack, fertig.«

Er klappte die Karte zu, aber sie wusste es besser. Es

war völlig irrelevant, für was er sich entschied. Es würde anders kommen.

Und so war es auch diesmal.

Sie dachte an die Île d'Oléron, damals hätte sie beinahe schon aufgegeben. Nur innere Entspannungsübungen, zu denen ihr eine Freundin geraten hatte, hatten damals ein Desaster verhindert.

Sie hatte es bis hierhin geschafft, sie war stolz darauf. Aber jetzt war es gut.

Er nahm die Karte noch mal in die Hand.

Zweiter Akt.

»Du, es tut mir leid, ich bin mir doch nicht ganz sicher mit den Muscheln. Das ist ja auch irgendwie sehr erwartbar. Was hältst du vom Safran-Risotto?«

Die Aufführung hatte immer die gleichen Abläufe. Seit der Mosel hatte sich nichts geändert, selbst als sie vor zehn Jahren das letzte Mal eine Fernreise gemacht hatten, nach Kalifornien. Auf dem Sunset Boulevard war er zu Hochform aufgelaufen.

»Eine gute Wahl«, sagte sie gelassen.

Es war immer eine gute Wahl.

»Prima. Manchmal muss man auf sein Bauchgefühl hören. Meines hat mich noch nie getäuscht. Safran-Risotto, ich komme!«

Er legte die Speisekarte auf den Tisch und klopfte zweimal darauf. Beschlossen und versiegelt. Er sah sich nach dem Kellner um, aber sie wusste, dass er noch nicht so weit war.

»Wie schmeckt eigentlich Safran?«

Sie spürte den Hass in sich aufsteigen.

»Nach Safran eben. Es schmeckt gut, du wirst sehen.«

Dritter Akt.

»Hm, aber es ist schon seltsam, etwas zu bestellen, dessen Geschmack man gar nicht beschreiben kann. Ich

schaue doch noch schnell in die Karte, entschuldige
bitte.«

»Kein Problem«, sagte sie.

»Der Fisch müsste doch hier gut sein, oder?«, fragte
er. Sie antwortete nicht.

Ein drittes Mal konsultierte er die Karte, mittlerweile war die Sonne verschwunden, die Bucht von
Amalfi strahlte im Abendlicht, wie nur diese Bucht es
konnte.

»Okay, der Fisch wird's, ich hab's.«

Sie blickten beide für einen kurzen Moment auf die
Stadt und auf das Meer unter ihnen.

Als der Kellner kam, bestellte er teuren Rotwein, dazu
Muscheln für sie und erst die Muscheln, dann doch das
Safran-Risotto und schließlich und endlich den Fisch
für sich selbst. Als er kurz abgelenkt war, nahm sie die
kleine Ampulle aus ihrer Handtasche und schüttete einige Tropfen einer durchsichtigen Flüssigkeit in sein
Glas.

Es war immer das dritte Gericht.

Nicht das zweite, nicht das vierte. Das erste schied
völlig aus. Egal wo, in welchem Land, in welchem Restaurant, ob es Austern gab oder Burger, Kuchen beim
Bäcker am Mittelrhein oder ein Geschäftsessen im Ster-
nerestaurant in Mailand.

Weil er unschlüssig war, weil es zu simpel war, weil er
Appetit darauf hatte, weil er keinen Appetit darauf
hatte, weil die Tischnachbarn etwas anderes bestellten,
weil er es schon mal hatte oder noch nie hatte, weil das
Restaurant dafür bekannt war, weil es dafür nicht bekannt war, weil der Preis zu hoch war, weil er zu niedrig
war, weil er so ein Gefühl hatte oder eben auch nicht –
alles war möglich.

Das dritte Gericht.

Es ging nicht mehr.

»Prost. Auf dich, Liebling.«

*

Das Ospedale Civile Santa Maria dell' Olmo lag in den Hügeln an der Straße zwischen Salerno und Neapel. Durch die nur einfachverglasten Fenster war das Rauschen des Verkehrs zu hören, die Sonne schien warm in das Zimmer hinein, in dem sie beide lagen.

Es klopfte an der Tür, und ein kahlköpfiger Mann in einem weißen Arztkittel blickte herein.

»Ah, *meravigliosa*, Sie sind wach! Und Sie haben auch schon wieder ein wenig Farbe im Gesicht, das ist doch ganz *spaventoso*, ganz hervorragend! Wie geht es Ihnen beiden?«

Sie blickten sich an, jeder in seinem Krankenbett.

Sie wussten nicht, was sie sagen sollten.

Der Arzt studierte kurz einige Messwerte, dann nickte er zufrieden.

»Gut, ruhen Sie sich einfach aus. Schon seltsam, dass so ein edles Restaurant wie das ›Le Vongole‹ verdorbene Meeresfrüchte serviert. Wir mussten Ihnen beiden leider den Magen auspumpen!«

Wieder blickten sie sich an, verwirrt.

Der Arzt klatschte in die Hände.

»*Allora*, lassen Sie sich Zeit. Und wenn Sie doch schon einen kleinen Hunger verspüren: Den Gang hinunter finden Sie ein kleines Café. Stärken Sie sich.«

»Ein Café?«, sagte sie mit matter Stimme in ihrem Bett.

»Was servieren sie dort?«, fragte er mit müder Stimme in seinem Bett.

Der Arzt lächelte.

»Das ist nur ganz klein, wie gesagt. Es gibt nur drei Tische. Und eine kleine Karte, ich glaube mit drei Gerichten. Na, Sie werden schon was finden, da bin ich mir sicher.«

Als er das Zimmer verließ, waren sie beide still. Sie blickten sich an, ihre Gesichter waren noch blass, ihre Augen matt. Draußen vor dem Fenster zwitscherte ein Rotkehlchen.

JULIA KARNICK

Urlaubsplanungstorschlusspanik

Jahr für Jahr kommt der Augenblick, in dem mir schlagartig klar wird, dass wir wieder mal verdammt spät dran sind mit der Urlaubsplanung. Manche würden sagen: zu spät. In diesem Jahr fiel der Augenblick der Erkenntnis auf einen sonnigen Tag im April: Ich stand mittags vor dem Schuleingang, zusammen mit anderen wartenden Eltern. Eine Mutter sagte: »Eben habe ich Sulden gebucht, wurde auch Zeit, die besten Unterkünfte sind schon weg.« Ich: »Wie schön. Wandern eure Kinder gerne?« Die Mutter, irritiert: »Wandern? Ski fahren!«

Mein erster Gedanke: Ist ja doll! Höre ich das erste Mal, dass man auf dem Ortler auch im Sommer Ski laufen kann. Dann dämmerte es mir: Diese Frau redete nicht vom Sommer. Sie redete von den Hamburger Skiferien im nächsten März. Im nächsten März! Der nächste März war einen Jahreswechsel und elf Monate weit weg – meinem Empfinden nach eine unüberschaubare Ewigkeit. Ich starrte die Frau an, sprachlos vor Ehrfurcht: Da stand eine, die die Zukunft nicht nur im Blick hatte, sondern fest im Griff! »Klar. Ski«, sagte ich. »Und wohin fahrt ihr im Sommer?« – »In die Bretagne.« Das wusste sie vermutlich seit vorletztem Dezember. Bestimmt ist sie eine von denen, die die Ferientermine bis ins Jahr 2010 auswendig wissen. Eine, die ihren Mann anhält, Urlaubsanträge zwölf Monate im Voraus einzureichen. Eine, die auf die Minute pünktlich am Computer sitzt, wenn der Online-Verkauf für Superspartickets beginnt. Eine von denen, die immer schneller sind als wir. Wir sind die, die immer langsamer sind als die anderen. Wir wussten nicht einmal, wo wir die Sommerferien verbringen würden. Es überkam mich ein vertrautes Gefühl: Urlaubsplanungstorschlusspanik.

Früher ging Reisen so: Man packte eines Morgens den Schlafsack ein, setzte sich in das nächstbeste verfügbare Auto, und los ging's, meist auf die A7 Richtung Süden. Irgendwo zwischen Hannover und Kassel einigte man sich, ob man nach Spanien oder Italien fahren würde. Manchmal schnallte man seinen Schlafsack auch auf einen Rucksack, fuhr zu einem Last-Minute-Schalter und setzte sich in den nächstbesten verfügbaren Flieger. Von »Reisen« wage ich schon gar nicht mehr zu reden. Heute begnüge ich mich mit dem bescheideneren Klang des Wortes »Urlaub«. Und solange ich keine Buchungsbestätigung in der Hand halte – erfahrungsgemäß bis mindestens zehn Wochen vor Urlaubsantritt –, weckt dieser Klang bei mir ähnliche Assoziationen wie die Begriffe »Steuererklärung« und »Lebensversicherungsantrag«.

Nicht dass ich nicht gerne Urlaub machen würde. Ich liebe Urlaub! Der Haken ist eben dieser: Sobald man ein Leben führt, zu dem Kinder, Schulferien und Urlaubsanträge gehören, muss man ihn bedauerlicherweise planen. Kalender und Kataloge wälzen. Sich abstimmen und informieren. Suchen, vergleichen, anfragen, entscheiden. Allein das Aufzählen dieser Tätigkeiten macht mich ganz matt: urlaubsreif sozusagen.

Insofern ist unsere Art der Urlaubsfindung doch genau die richtige für uns. Immer wenn wir uns überwinden, das Thema endlich anzupacken, stellen wir fest, dass es nichts mehr zu vergleichen, anzufragen und zu entscheiden gibt: »Wer nicht kommt zur rechten Zeit, der muss sehen, was übrig bleibt!« In diesem Jahr waren das vierzehn Tage Bauernhof im Allgäu, die ich zwei Tage nach dem Gespräch mit der Co-Mutter ergatterte. Und jedes Mal, wenn wir dann doch noch auf den letzten Drücker etwas gefunden haben, überkommt uns die felsenfeste Überzeugung, wahre Glückspilze zu sein: Unseren Urlaub werden wir wie immer antreten mit der Demut derer, die wissen, dass sie dem Schicksal dankbar sein müssen.

MARIANA LEKY

Die Nächte, in denen wir nicht schliefen

Als ich heute Morgen die Wohnungstür öffne, höre ich von unten schwere, langsame Schritte auf der Treppe. Da kommt jemand Altes, denke ich. Es ist dann aber Frau Wiese. Frau Wiese wohnt einen Stock über mir und sieht dieser Tage aus wie ein Pirat, weil sie wegen einer Augensache eine Klappe im Gesicht trägt.

Heute sieht sie aus wie ein betagter Pirat, dabei ist Frau Wiese um die vierzig. »Schlecht geschlafen?«, frage ich. »Überhaupt nicht geschlafen«, antwortet Frau Wiese. Ich sage, das sei ja kein Wunder, bei dem Auge. »Nein«, sagt Frau Wiese, »das tut gar nicht mehr weh. Ich habe einfach so kein bisschen geschlafen.«

Frau Wiese und ich sind Expertinnen in Schlaflosigkeit. Wohlgemerkt: in, nicht für. Also setzen wir uns auf den Treppenabsatz und fachsimpeln. Wegen der akuten Schlaflosigkeit fachsimpelt Frau Wiese eher einsilbig.

Frau Wiese hat letzte Nacht alle Phasen der Schlaflosigkeit vorbildlich hinter sich gebracht. Als Erstes hat sie die Augen geschlossen. Keine schlechte Idee, wenn man einschlafen möchte, und eine recht anspruchslose Aufgabe, wenn das eine Auge sowieso schon zu ist.

Frau Wiese hat ihr Auge allerdings schnell wieder geöffnet, weil ihre Gedanken leider kein bisschen an Schlaf dachten, und putzmuntere Gedanken toben sich hinter geschlossenen Lidern besonders gerne aus. Also hat Frau Wiese versucht, sich müde zu lesen. Das, überlegen wir, geht vermutlich am besten mit Büchern, die einen nicht interessieren, und solche hat man selten im Haus. Für den Fall von Schlaflosigkeit sollte man immer Lektüre zu Themen auf dem Nachttisch haben, die man irrsinnig langweilig findet. »Was wäre das in Ihrem Fall?«, fragt mich Frau Wiese, und ich sage: »Guppys und Tiefbau.«

Frau Wiese hat versucht, sich auf ihren Atem zu konzentrieren, was leider meistens zu Atemnot führt, genauso, wie man anfängt zu stolpern, wenn man sich bewusst aufs Gehen konzentrieren soll. In ihrer Not hat Frau Wiese sich sogar dazu hinreißen lassen, Schafe zu zählen, was ja nun wirklich noch nie funktioniert hat, weder bei Frau Wiese noch bei mir. Schon als Kind sprangen vor meinem geistigen Auge keine wolligen Lämmer über einen Zaun. Da standen alte, abgebrühte Schafsböcke auf meiner imaginierten Weide, die sich von einem innerlich gesäuselten »Hopp« so gar nicht beeindrucken ließen. »Da musst du schon früher aufstehen«, blökten die Schafsböcke, und ihr Lachen klang wie Raucherhusten.

Die nächste Phase ist die, in der man beginnt, sich aus purer Missgunst über die zu ärgern, die um einen herum schlafen. Frau Wieses Schwester, die bei Frau Wiese übernachtet und sich bislang als große Geschwisterliebe hervorgetan hatte, manövrierte sich mit jedem ihrer entspannt schlafenden Atemzüge weiter in Richtung mittlere Liebe. Einfach, weil sie so angeberisch schlief. Auch die Katze, die zusammengerollt am Fußende von Frau Wieses Bett lag, rieb ihr mit ihrem virtuosen Schlummern das eigene Schlafversagen unter die Nase.

Die unangenehmste Phase, auch da sind sich Frau Wiese und ich einig, ist die, in der die Sorgen zuschlagen. Sorgen haben in durchwachten Nächten bekanntlich sehr, sehr leichtes Spiel, wie Halbstarke, die auf dem

Schulhof einen Erstklässler vermöbeln. Bei Übermüdung kommt einem die Verhältnismäßigkeit abhanden: Alles ist plötzlich gleich furchtbar, die Weltlage genauso wie die unbeglichene Rechnung der GEZ.

Überhaupt: Mahnungen. In schlaflosen Nächten wimmelt es von Mahnungen, sie segeln von oben aufs Bett herunter und sind ohne Unterschrift gültig. *Leider haben Sie trotz mehrfacher Aufforderung die Muskelaufbauübungen für den unteren Rücken erneut nicht gemacht. Leider haben Sie es zum wiederholten Mal versäumt, Ihre unglückliche Tante Traudl zurückzurufen. Leider mussten wir feststellen, dass Sie trotz zahlloser Aufforderungen das Rauchen immer noch nicht drangegeben haben. Leider haben Sie es trotz mehrfacher Mahnungen versäumt, nicht alles falsch zu machen.*

Frau Wiese stand auf, mit lauter Mahnungen in den Haaren, setzte sich an den Küchentisch und starrte einäugig auf den Tropfen, der am Wasserhahn hing und sich trotz des ausgiebigen Starrens nicht bewegen wollte. Vermutlich weil er schlief.

Sie legte den Kopf auf die Tischplatte. Der Morgen war da. Ein ausgeruhter Bauarbeiter schmiss seinen Presslufthammer an und ein Vogel sein Lied. Letzte Phase: dumpfe Resignation.

Frau Wiese lehnt den Kopf an die Hausflurwand, ich lehne meinen ans Treppengeländer. Wir sitzen da wie zwei windschiefe Eulen.

Wir beschließen, uns bei der nächsten Schlaflosigkeit nicht mit dem Zählen von bockigen Schafen und Atemzügen abzugeben. Wir beschließen, das nächste Mal alle Nächte zu zählen, in denen wir nicht schlafen konnten. In jeweils über vierzig Lebensjahren ergibt das eine stattliche Herde. Wir werden uns die Betten in Erinnerung rufen, in denen wir wach lagen. Wir werden uns daran erinnern, warum wir nicht schliefen. Wir schliefen scheinbar grundlos nicht, wir schliefen wegen Prüfungen nicht, die bestanden oder versemmelt wurden und in jedem Falle mittlerweile egal sind, wir schliefen nicht, weil es zu laut war oder zu leise, zu heiß oder zu kalt, wir schliefen nicht, weil große Lieben im Anflug oder auf dem Absprung waren, große Lieben vor langer Zeit, die jetzt bestimmt schlafen, wir schliefen nicht wegen der Weltlage, wegen des unteren Rückens oder wegen Randale im Oberstübchen, wegen all der auf uns heruntersegelnden Mahnungen, wir schliefen nicht in Ermangelung von Guppys und Tiefbau.

All die Nächte werden wir vorbeiziehen lassen, und darüber werden wir bestimmt verlässlich einschlafen. Wir werden Expertinnen in Schlaf sein. Wir werden alles an die Wand schlafen. Überall, auch auf einem Treppenabsatz im Hausflur.

T. C. BOYLE

Hände

Ihr gefielen seine Hände. Seine Augen. Wie er sie ansah, als könnte er unter die Haut blicken, als formte er sie aus Lehm, mit seinen Fingern, die an ihrem Kinn, an den Augenhöhlen entlangstrichen, ihre Stirn erforschten. Sie war aus dem reinen, harten Frühsommerlicht in die Praxis getreten, hatte sich am Empfang gemeldet und kaum Zeit gehabt, eine der Zeitschriften auf dem kleinen Tisch durchzublättern, bis sie hereingebeten worden war, in sein Sprechzimmer mit den stillen Schatten und dem großen, mit schwarzem Leder bezogenen Liegesessel, der mitten im Raum stand. Er sah aus wie ein Behandlungsstuhl beim Zahnarzt, das war ihr erster Eindruck, nur ohne all die Apparate. Und das war gut, denn sie ging nur sehr ungern zum Zahnarzt – wer ging schon gern hin? Schmerz, notwendigen Schmerz, Schmerz im Dienst von Verbesserung und Gesundheit, das war es, was der Zahnarzt einem gab, und sie fragte sich, was dieser ihr geben würde. Der Liegesessel sagte ihr nichts, schüchterte sie aber dennoch ein, und so setzte sie sich auf einen Stuhl an dem einzigen, mit einer Jalousie versehenen Fenster. Und dann kam er herein, lächelnd, mit leiser Stimme, und er nahm sich ebenfalls einen Stuhl, setzte sich zu ihr und studierte ihr Gesicht.

»Ich interessiere mich für Botox«, hörte sie sich sagen. Die Wände absorbierten ihre Worte, als säße sie in einem Beichtstuhl. »Für diese Falten hier« – sie hob die Hand und fuhr mit zwei Fingern über die Nasenwurzel – »und vielleicht auch unter den Augen. Ich finde ... also, wenn ich in den Spiegel sehe, kommen sie mir ein bisschen verquollen vor, müde oder so. Hier. Und da. Und vielleicht könnten Sie – wenn es kein radikaler Eingriff ist – hier ein wenig glätten? Wäre das möglich?« Unwillkürlich musste sie lachen, es war ein nervöses Lachen, ja, weil dies alles ihr fremd war und er seit der leisen Begrüßung kein einziges Wort mehr gesagt hatte, sondern nur mit seinen Augen die Linien ihres Gesichts abgetastet hatte, ohne auch nur ein einziges Mal zu blinzeln. »Es hat wohl was damit zu tun, dass ich bald Geburtstag habe – nächste Woche. Dann bin ich fünfunddreißig, stellen Sie sich das vor, und darum habe ich –«

»Ja«, sagte er und erhob sich, »aber warum setzen Sie sich nicht hierhin« – er zeigte auf den Liegesessel –, »damit wir uns das mal genauer ansehen können?«

Bevor sie die Praxis wieder verließ, vereinbarte sie am Empfang einen Termin für die Botox-Behandlung. Beide Sprechstundenhilfen – oder nein, eine war eine Arzthelferin, die im Aktenschrank in der Ecke nach Unterlagen suchte – hatten makellose Gesichter, keine Runzeln, kein Fältchen, und sie fragte sich, wie das kam. Kriegten die einen Rabatt? War das eine der Annehmlichkeiten dieses Jobs? Es waren Formulare auszufüllen, und man gab ihr eine bunt bebilderte Broschüre, die sie zu Hause lesen sollte. Das Botox war eine Kleinigkeit, hatte er ihr versichert, das Einfachste auf der Welt und in kaum fünfzehn Minuten erledigt, und die Behandlung der Augenpartie war ebenfalls eine Routinesache: Fettpölsterchen entfernen und die Haut ein wenig straffen, das Ganze ambulant, in der Praxis, natürlich unter Narkose. Der Heilungsprozess würde einen Monat dauern, nach zwei, spätestens drei Monaten würde alles perfekt sein. Er hatte mit den Fingern über ihr Kinn gestrichen, die Haut unter ihren Ohren gestreichelt und die Daumen in die Vertiefungen dort gedrückt. »Sie haben eine sehr schöne Haut«, hatte er gesagt. »Gehen Sie nicht in die Sonne, und Sie werden in den nächsten fünfzehn, zwanzig Jahren keine weitere Behandlung brauchen.«

»Ach, übrigens«, sagte sie zu der Sprechstundenhilfe und fühlte sich jetzt heiter und optimistisch, »hat Dr. Mellors seine Frau eigentlich auch behandelt? Ich meine die Art von Behandlung, die ich jetzt bekomme?« Sie schob eine Kreditkarte über die Theke. »Ist ja nicht weiter wichtig, ich dachte nur … ob er vielleicht auch seine eigene Frau …«

Die Frau am Empfang – *Maggie* stand auf dem Namensschildchen – war in den Dreißigern, vielleicht auch Vierzigern, es war schwer zu sagen. Sie hatte ihr Haar aufgesteckt und trug über verdächtig vollen Brüsten eine tief ausgeschnittene Bluse, aber sie war ja auch sozusagen die Visitenkarte, oder? Ihr Lächeln – das komplizenhafte, heitere Lächeln, das sie bisher verströmt hatte – erstarb plötzlich. Die Augen – zu rund, die Winkel zu straff – wichen ihr aus. »Das weiß ich nicht«, sagte sie. »Er ist seit fünf Jahren geschieden, und ich bin erst seit drei Jahren hier. Aber ich wüsste nicht, warum nicht.«

Die Prozedur – die Injektion des Botulintoxins in die Haut zwischen ihren Augen und dann hinauf bis zum Haaransatz, ein Nadelstich nach dem anderen – war schmerzhafter, als sie gedacht hatte. Er betäubte den Bereich zwar mit einer Kühlpackung, aber durch die Kälte bekam sie Kopfschmerzen, und die Nadelstiche spürte sie dennoch. Beim zweiten oder dritten zuckte sie wohl zusammen, denn er fragte sie: »Alles in Ordnung?« Sein Gesicht war nur Zentimeter von ihrem entfernt, und seine blassgrauen Augen sahen tief in die ihren. »Ja«, sagte sie und versuchte zu nicken, aber das machte es nur noch schlimmer. »Ich glaube, ich kann Schmerzen nicht sehr gut aushalten.« Sie versuchte, sich zusammenzureißen und die Sache leichtzunehmen, denn sie war keine Heulsuse – nein, das entsprach nicht dem Bild, das sie von sich hatte. Ganz und gar nicht. »Zu empfindsam wahrscheinlich«, sagte sie und meinte es als Witz.

Das Toxin, hatte er ihr in seinem priesterlichen Ton erklärt, werde die Muskeln zwischen ihren Augen und auf der Stirn lähmen, sodass sich ihre Haut nicht in Falten legte, wenn sie ins helle Sonnenlicht blinzelte oder stirnrunzelnd ihr Scheckbuch studierte – die Haut werde sich gar nicht bewegen. Sie werde wütend sein können, in Rage, so fuchsteufelswild wie noch nie in ihrem Leben, und ihre Körpersprache – der Mund, der Blick – werde diese Wut auch ausdrücken, doch ihre Stirn werde so glatt bleiben, als schliefe sie und träumte von einem Boot, das über einen friedlichen See trieb. Die Wirkung werde im Durchschnitt natürlich nur etwa drei Monate anhalten; dann müsse die Prozedur wiederholt werden. Und er müsse sie darauf hinweisen, dass ein kleiner Prozentsatz der Patientinnen von Nebenwirkungen berichtete – Kopfschmerzen, Übelkeit und dergleichen. Ein sehr kleiner, im Grunde unbedeutender Prozentsatz. In den richtigen Händen sei das Mittel vollkommen unbedenklich. Diese Botox-Partys dagegen, von denen sie sicher gelesen habe? Keine gute Idee.

Jetzt nahm er ihre Hand und legte sie auf ihre Stirn und auf die Wundauflage, die sie festhalten sollte, bis die Einstiche nicht mehr bluteten. »So«, sagte er, »das war doch nicht so schlimm, oder?«

Sie lag in dem Sessel, sah ihm in die Augen und spürte, wie etwas in ihr nachgab, wie der letzte Widerstand sich verflüchtigte: Sie war jetzt in seiner Hand. Dies war sein Reich, dieser abgedunkelte Raum mit dem Liegesessel, den gerahmten Urkunden an den Wänden, dem Schimmern polierten Metalls. Wie alt er wohl war? Sie konnte es nicht sagen, und schlagartig wurde ihr bewusst, dass er denselben Gesichtsausdruck hatte wie die Arzthelferin und die Sprechstundenhilfe, dass seine Stirn unbewegt blieb und seine Augen so gerundet waren, als wären sie aus Teig modelliert. Vierzig, vermutete sie, vielleicht auch fünfundvierzig. Aber er hatte sehr breite Schultern. Und seine Hände waren wie eine Heizdecke an einem kalten Abend in einer Hütte tief im Wald. »Nein«, log sie. »Nein, gar nicht schlimm.«

»Gut«, sagte er und erhob sich, ohne den Blick von ihr zu wenden. »Wenn irgendwelche Probleme auftreten, ganz gleich, ob tagsüber oder nachts, rufen Sie mich bitte an.« Er ging zu dem Tisch in der Ecke und kehrte mit einer Visitenkarte zurück, auf der sein Name und seine private Telefonnummer sowie die der Praxis standen. »Und dann müssen wir noch einen Termin für den Eingriff an den Lidern machen – sagen Sie einfach, wann es Ihnen passt, wir werden uns nach Ihnen richten.«

Sie wollte ebenfalls aufstehen, doch bevor sie das tun konnte, streckte er die Hand aus und nahm ihr die Wundauflage von der Stirn, und sie sah, dass diese voller winziger roter Punkte war. »Hier«, sagte er und reichte ihr einen Handspiegel. »Sehen Sie? Keine Spuren. Wenn Sie wollen, können Sie etwas Make-up auflegen. Die ersten Resultate sollten in ein, zwei Tagen spürbar sein.«

»Wunderbar«, sagte sie und lächelte ihn an. Im Hintergrund – sie hatte es schon die ganze Zeit, auch während ihres kleinen Anfalls von Wehleidigkeit, mit halbem Ohr gehört – drang aus den irgendwo in der Wand verborgenen Lautsprechern vertraute Klaviermusik, so regelmäßig und präzise wie der Schlag eines jungen Herzens. Bach. Die Partiten für Klavier, und sie konnte den Pianisten – wie hieß er noch mal? – mitsummen hören. Sie erhob sich, blieb für einen Augenblick reglos in dem stillen, von Schatten erfüllten Raum mit dem hellen Licht stehen, das auf den Liegesessel in der Mitte des Raums ausgerichtet war, und nahm die Musik in sich auf, als wäre diese ihr gerade erst bewusst geworden. »Mögen Sie klassische Musik?«, murmelte sie.

Er lächelte sie an. »Ja, klar.«

»Bach?«

»Ist das Bach? Ich weiß es nie – das kommt per Kabel vom Musikservice. Aber die sind gut, und ich glaube, es hilft den Patienten, sich zu entspannen – es ist so beruhigend, nicht? Besser als Heavy Metal, oder?«

Sie tat einen Sprung, und alles, was danach geschah, war eine Folge davon, so unbestreitbar und unvermeidlich, als hätte sie es von Anfang an geplant: »Ich frage nur, weil ich für Samstagabend zwei Konzertkarten für die Music Academy habe. Es wird ausschließlich Bach gespielt, und« – sie hob die Augenbrauen, jetzt konnte sie es noch – »meine Freundin hat mir heute Morgen gesagt, dass sie nicht wird kommen können. Sie hat … sie musste unerwartet verreisen, und … ich wollte Sie fragen, ob Sie mich gern begleiten würden.«

Nach dem Konzert – er hatte dankend abgelehnt, er hatte gesagt, er würde liebend gern mitkommen, müsse aber Maggie fragen, wie es mit seinen Terminen aussehe, und tatsächlich hatte er einen Termin – ging sie ins Andalusia, ein Restaurant, das ihr gefiel, weil es eine gute Atmosphäre und eine lange Bar hatte, an der die Leute sitzen und trinken und Tapas essen konnten, während ein Gitarrist sich in der Ecke beim offenen Kamin durch das Flamenco-Repertoire arbeitete. Sie kannte die Leute hier – besonders Enrique, den Barmann – und fühlte sich nicht unwohl, wenn sie allein kam. Oder vielmehr: Sie fühlte sich unwohl, aber nicht so sehr wie anderswo. Enrique hatte ein Auge auf sie und sorgte dafür, dass niemand aufdringlich wurde. Er beschützte sie, vielleicht ein bisschen zu sehr, aber wenn er eine Schwäche für sie hatte, konnte sie das vielleicht zu ihrem Vorteil nutzen. Ein kleiner Flirt, das war alles, denn sie war nicht ernsthaft auf der Suche, nicht seit ihrer Scheidung. Sie hatte ein Haus, Geld auf dem Konto, sie konnte essen, wann und wo sie wollte, sie konnte reisen und ihr Leben nach eigenem Belieben einrichten, und das gefiel ihr – jedenfalls sagte sie sich das.

Sie bestellte Ceviche und einen Salat, nippte an ihrem chilenischen Rotwein und blätterte in der Lokalzeitung – den Kontaktanzeigen konnte sie nie widerstehen: Sie waren so geschmacklos, so unaufrichtig und unverstellt selbstsüchtig; es war erstaunlich, wie jämmerlich Menschen sein konnten –, als jemand ihre Schulter berührte, und da stand Dr. Mellors in einem blassgoldenen Sportjackett und einem schwarzen Seidenhemd mit offenem Kragen. »Hallo«, sagte er, »oder sollte ich lieber sagen *buenas noches*?«, und in seinem Ton war nichts auch nur entfernt Ärztliches.

»Oh, hallo«, sagte sie überrascht. Da war er und beugte sich abermals über sie, und obwohl sie während des ganzen Konzerts an ihn gedacht und in Gedanken versucht hatte, ihn auf den leeren Platz neben ihr zu setzen, konnte sie sich nun eine verwirrte Sekunde lang nicht an seinen Namen erinnern. »Wie geht es Ihnen?«

Er lächelte nur. Es verging ein kurzer Augenblick. Enrique stand nicht weit entfernt am Ende der Bar und warf ihr einen Blick zu. »Sie sehen großartig aus«, sagte er schließlich. »Große Abendgarderobe, hm?«

»Für das Konzert«, sagte sie.

»Ach ja, das Konzert. Wie war es?«

»Ganz gut.« Es hatte seinen Zweck erfüllt und ihr einen Grund gegeben, ein wenig Make-up aufzulegen und aus dem Haus zu gehen, etwas zu tun, irgendetwas. »Eigentlich ein bisschen langweilig. Orgelmusik.« Sie ließ ihr Lächeln erblühen. »Ich bin in der Pause gegangen.«

Auch sein Lächeln wurde jetzt offener. »Tja, was soll ich da sagen? Gut, dass ich keine Zeit hatte? Aber Sie sehen großartig aus, wirklich. Keine Komplikationen? Die Kopfschmerzen sind weg? Keine visuellen Probleme?«

»Nein«, sagte sie, »nein, mir geht's gut«, und dann sah sie Maggie. Sie saß an einem der Tische und beobachtete sie, mit offenem Haar und silbernen Ohrhängern, die über nackten Schultern baumelten.

»Gut«, sagte er, »gut. War schön, Sie zu sehen – das nächste Mal dann also kommende Woche, nicht?«

Das Erste, was sie tat, als sie nach Hause kam: Sie legte Musik auf, denn sie konnte die Stille des leeren Hauses nicht ertragen. Es war nicht Bach, es war alles andere als Bach. Ihre Hand ging zur ersten CD auf dem Regal, einer Reggae-Zusammenstellung, wie sich herausstellte, die ihr Mann zurückgelassen hatte. Sie schenkte sich ein Glas Wein ein, während die Akkorde wie Trümmer in das stetig zurückweichende Meer der Basslinie fielen – da war eine Drohung, im Text und in der unerschütterlichen Rhetorik der Besitzlosen. Reggae. Sie hatte Reggae nie sehr gemocht, aber da war er jetzt, als Hintergrundmusik zu ihrem sich entfaltenden Drama der Verwirrung und Enttäuschung. Und Wut, auch Wut. Er hatte sie abblitzen lassen, dieser Dr. Mellors. Hatte gesagt, er sei zu beschäftigt, zu beschäftigt, um neben ihr in einem dämmrigen Konzertsaal zu sitzen und zuzuhören, wie sich ein Professor des örtlichen Colleges an der Orgel abmühte. Aber er war nicht im Mindesten peinlich berührt gewesen, bei einer Lüge ertappt worden zu sein. Erst recht nicht zerknirscht. Er hatte versucht, einen Witz daraus zu machen, als wäre sie ein Niemand, als zählte ihre Einladung nicht – und warum? Damit er seine Sprechstundenhilfe flachlegen konnte?

Die Fenster waren schwarz von der verdichteten Nacht, und sie ging von einem zum anderen und zog die Vorhänge zu, zu viele Vorhänge, zu viele Fenster. Das Haus – sie hatte es haben wollen oder geglaubt, es haben zu wollen, es war ein Neubau mit begehbaren Kleiderschränken, einer Dreiergarage und über fünfhundert Quadratmeter Garten mit Blick auf die Hügel und das Meer dahinter – war zu groß für sie. Viel zu groß. Selbst als Rick noch da gewesen war und sie selbst rund um die Uhr Möbel und Teppiche ausgesucht und Kataloge und Gartenbücher studiert hatte, war sie sich darin verloren vorgekommen. Es gab keine gemütlichen Winkel – es war ein unverwinkeltes Haus, das ebenso gut eine ehemalige Scheune in Nebraska hätte sein können –, keine abgeschirmte Ecke, in die man sich hätte zurückziehen können, keinen Ort, wo sie sich sicher und geborgen fühlen konnte. Sie ging durch das Esszimmer zur Küche und dann wieder in den Raum, den der Architekt als »großen Salon« bezeichnet hatte, und schaltete unterwegs alle Lampen an. Dann schenkte sie sich ein zweites Glas Wein ein, ging ins Badezimmer und verschloss die Tür.

Sie starrte lange ihr Spiegelbild an. Die Falten – die zwei vertikalen Furchen zwischen ihren Augen – sahen nicht merklich anders aus als zuvor, aber vielleicht waren sie flacher geworden, vielleicht das. Sie legte den Finger darauf, strich über die Haut. Dann lächelte sie, zunächst verführerisch – »Hallo, Dr. Mellors«, sagte sie zu ihrem Spiegelbild, »oder wie soll ich Sie nennen? Ed? Eddie? Ted?« – und dann albern, indem sie Fratzen schnitt wie damals, als kleines Mädchen mit drei Schwestern, wenn sie an ihren Lippen, Nasen und Ohren herumgedrückt und gekichert und geschrien hatten, bis ihre Mutter gekommen war, um sie aus dem Badezimmer zu scheuchen. Es half nichts. Sie nahm das Weinglas von der Marmorplatte des Waschtischs, trank es aus und sah sich als das, was sie war: eine nicht mehr so junge Frau mit einem missmutigen Gesicht, einer zu großen Nase, einem zu spitzen Kinn und Augen, in denen sich Wachsamkeit und Misstrauen verfestigten. Trotzdem war sie interessant. Das war sie. Interessant und hübsch, auf ihre eigene Art. Hübscher als die Sprechstundenhilfe oder die Arzthelferin oder die Hälfte der anderen Frauen in der Stadt. Wenigstens sah sie echt aus.

Oder nicht? Und was war Echtheit überhaupt wert?

Sie legte die Kleider ab und musterte sich lange in dem hohen Spiegel an der Tür. Von der Seite betrachtet, wölbte sich ihr Bauch vor wie ein kleiner fester Fettball – das lag daran, dass sie gerade gegessen hatte –, und ihr Hintern schien, zumindest aus diesem Winkel, schlaffer geworden zu sein. Ihre Brüste waren nicht wie die der Frauen in den Pornofilmen, die ihren Ex-Mann anscheinend so fasziniert hatten, und sie dachte über die entsprechende Prozedur nach, über Fettabsaugung und Bauchstraffung, ja sogar über eine Nasenkorrektur. Sie wollte nicht wie die Sprechstundenhilfe aussehen, wie Maggie, denn sie mochte Maggie nicht, Maggie stand unter ihr, Maggie war nicht mal hübsch, doch je länger sie in den Spiegel blickte, desto weniger gefiel ihr, was sie dort sah.

Am Dienstag, dem Tag der Vorbesprechung für die OP, erwachte sie früh, blieb aber lange liegen und sah zu, wie das Licht der Sonne nach den Blättern des blühenden Pflaumenbaums vor dem Fenster tastete. Sie trank zwei Tassen Kaffee, aß aber weder Eier noch Toast oder sonst etwas, denn sie hatte beschlossen, weniger zu essen, und gab nicht einmal einen Spritzer fettarme Milch in den Kaffee. Beim Ankleiden ließ sie sich Zeit. Am Abend zuvor hatte sie einen beigen Hosenanzug bereitgelegt, von dem sie glaubte, er könnte ihm gefallen, doch als sie ihn wie eine abgestreifte Haut über dem Stuhl liegen sah, wusste sie, dass das nicht das Richtige war. Nachdem sie die Hälfte ihrer Kleider anprobiert hatte, entschied sie sich schließlich für einen schwarzen Rock, eine kobaltblaue, auf dem Rücken geknöpfte Bluse und dazu passende Pumps. Sie sah gut aus, wirklich gut. Doch dann verbrachte sie so viel Zeit damit, das Make-up aufzutragen, dass sie sich beeilen musste, auf den schmalen, gewundenen Straßen in die Stadt zu fahren, die sich unten ausbreitete: Sie musste ein paar Ampeln bei Gelb überfahren und kam trotzdem zehn Minuten zu spät zu ihrem Termin.

Maggie begrüßte sie mit einem Plastiklächeln. Sie trug abermals ein tief ausgeschnittenes Oberteil – für eine Sprechstundenhilfe hart an der Grenze zum Geschmacklosen – und schien ihr Haar aufgehellt zu haben. Oder nein, sie hatte sich Strähnchen färben lassen, das war es. »Wenn Sie mir bitte folgen würden«, zirpte sie, kam hinter dem Tresen hervor und ging mit langsamen Schritten und wiegenden Hüften voraus durch den Korridor, und dann stand sie wieder im Sprechzimmer, und die

Tür hinter ihr wurde leise geschlossen. *In Erwartung der Audienz*, dachte sie, und das gehörte zur Aura des Mysteriösen, die Ärzte kultivierten, nicht? Warum konnten sie nicht einfach da sein, in Fleisch und Blut, anstatt in irgendeinem anderen schallgedämmten, identischen Raum am Ende des Korridors zu lauern? Sie stellte die Handtasche auf einen Stuhl in der Ecke, nahm auf dem Liegesessel Platz und widerstand dem Impuls, nach dem Handspiegel vom Tisch zu greifen und das Make-up rings um die Augen aufzufrischen.

»So«, sagte er und glitt auf geräuschlosen Füßen herein, »wie geht es uns heute?«

»Ganz gut.«

»Ganz gut? Nur ganz gut?«

»Bevor wir hier weitermachen«, sagte sie und ignorierte seine Frage, »möchte ich etwas von Ihnen wissen.«

»Natürlich«, sagte er und zog einen Hocker auf Rollen heran, so ein Ding, wie Zahnärzte es hatten. »Alles, was Sie wollen. Was immer Sie auf dem Herzen haben – dafür bin ich ja da.«

»Ich wollte Sie fragen, ob Sie mich hübsch finden.«

Die Frage schien ihn zu verblüffen, und er brauchte einen Augenblick, um sich zu fangen. »Natürlich«, sagte er. »Sehr hübsch.«

Sie sagte nichts, und er beugte sich zu ihr, seine Hände strichen über ihr Gesicht, über die Haut unter den Augen, tasteten am Hinterhauptbein entlang, prüften und kneteten das Fleisch, während sie in seine unverwandt blickenden Augen blinzelte. »Was nicht heißen soll, dass man nichts verbessern könnte«, sagte er, »denn wie Sie selbst sagen – und ich stimme Ihnen da zu –, gibt es hier ein paar Millimeter zu viel Haut. Und –«

»Meine Augenpartie ist mir egal«, unterbrach sie ihn

abrupt. »Ich will, dass Sie sich meine Brüste ansehen. Und meine Hüften und … und« – der medizinische Ausdruck schoss ihr durch den Kopf – »meinen Bauch. Er ist dick. Ich bin dick.«

Sie sah ihn die Augen niederschlagen. »Ich mache eigentlich, äh«, begann er und suchte nach den rechten Worten. »Sie sehen gut aus, vielleicht ein, zwei Pfund zu viel – aber wenn Sie interessiert sind, können wir Sie auch darüber beraten, und ich habe Broschüren –«

»Ich will keine Broschüren«, sagte sie und begann die Bluse aufzuknöpfen. »Ich will, dass Sie es mir sagen, hier und jetzt, ins Gesicht, denn ich glaube Ihnen nicht. Sie sagen, ich bin hübsch, aber als ich Sie eingeladen habe, mich zu einem Bach-Konzert – ausgerechnet! – zu begleiten, haben Sie gesagt, Sie seien zu beschäftigt, zu beschäftigt. Und dann sehe ich Sie in der Stadt. Was glauben Sie, wie ich mich da fühle?«

»Langsam«, sagte er, »einen Moment, und bitte lassen Sie Ihre Bluse … denn sonst muss ich Maggie hereinbitten. Das ist Vorschrift.« Plötzlich stand er an der Tür, die aufschwang, und rief durch den Korridor nach der Sprechstundenhilfe.

»Ich will keine Maggie.« Sie hatte den BH abgelegt und nestelte am Verschluss des Rocks. »Ich will echt aussehen, nicht wie irgendein Mannequin, nicht wie sie. Lassen Sie sie da raus.«

Sie sah über die Schulter zu ihm, der noch immer an der Tür stand, und der Rock glitt an ihren Beinen hinab zu Boden. Sie hatte keine Strümpfe angezogen, denn die waren bloß hinderlich, und sie war ja hier, um sich untersuchen zu lassen, um seine Hände zu spüren, um die Bedingungen festzulegen und zu erfahren, was nötig war, um eine Verbesserung zu erreichen. Denn darum ging es hier doch, oder nicht? Um eine Verbesserung?

SVEINBJÖRN I. BALDVINSSON

Icemaster

Das Gedächtnis ist trügerisch. Ein jeder kennt das: Man meint sich an etwas zu erinnern, ist sich vollkommen sicher. Dann, eines schönen oder auch weniger schönen Tages, kommt man plötzlich dahinter, dass das, woran man sich zu erinnern glaubte, in Wirklichkeit nie geschehen ist. Oder dass es gar nicht sein kann, dass man es mit eigenen Augen erlebt hat. Manchmal betrifft das sogar Ereignisse oder Begebenheiten, die passiert sind, bevor man überhaupt geboren wurde.

Aber das Gedächtnis kann auch auf andere Weise trügen. So viel weiß ich jetzt.

Vater hat es nie gegeben. Wir Geschwister haben ihn nie zu Gesicht bekommen. Dachte ich zumindest. So gut wie nie wurde über ihn gesprochen. Bis auf den heutigen Tag habe ich kein einziges Foto von ihm gesehen. Aber irgendwo tief in einem versteckten Winkel des Bewusstseins trug ich immer ein Bild von Vater in mir. Ich konnte es mir geistig vor Augen führen, wann immer ich wollte. Manchmal kam es auch von selbst, einfach so. Ich kann es mir auch jetzt vergegenwärtigen, in diesem Moment: Vater sitzt im Wohnzimmer im grünen Sessel. Die Tür zur Terrasse steht offen. Draußen ist es dunkel, es regnet, und Nässe dringt über die Schwelle herein. Sein Gesicht sehe ich nicht, nur seinen Nacken. Er hat seinen Kopf in den Händen vergraben, und ein paar Finger schimmern durch seine Locken hindurch. Sein Haar ist dunkel und kraus, ganz anders als meines.

Bis heute Nacht wusste ich nicht, was es mit diesem Bild auf sich hatte. Magga konnte sich an nichts erinnern. Mutter hatte auch keine Erklärung dafür. Sie stritt allerdings auch nicht ab, dass es Vater gewesen war.

Magga und ich fanden schnell heraus, dass dieses Nichtvorhandensein von Vater misslich war, eine bestimmte Art von Verkrüppelung. Jeder Einzelne von uns war für sich genommen vollkommen, aber als Familie waren wir verkrüppelt.

Ich weiß noch, dass ich dachte, man würde uns anmerken, dass wir keinen Vater hatten. Ich fand, dass man uns mit eben solchen Augen ansah – mitleidig und misstrauisch zugleich. Diese Blicke haben mich mein ganzes Leben hindurch begleitet.

Wenn Magga und ich einen Laden betraten, dachte ich, dass alle Leute in unserem Rücken die Köpfe zusammensteckten. Es nützte nichts, wenn ich mir einzureden versuchte, unser Vater könnte genauso gut bei der Arbeit sein. Väter waren tagsüber allesamt nicht zu Hause – auch die nicht, die es tatsächlich gab.

Abends war es am schlimmsten, denn dann wurden die anderen Kinder zuweilen von ihren Vätern zum Essen gerufen. Oft gingen wir schon nach Hause, bevor Mutter uns zu sich beorderte – nur damit die Kinder nicht zu der endgültigen Gewissheit gelangten, dass uns kein Vater rufen würde. Natürlich wussten die meisten ganz genau, dass wir keinen hatten. Trotzdem gelang es uns manchmal, sie eine Zeitlang zu täuschen, solange wir noch neu im Viertel waren. Unser Vater mochte ja Fischer sein.

Wir dachten uns Geschichten über Vater aus, meine Schwester Magga und ich: Vater verwandelte sich in einen Sturm. Vater erschlug erst alle Feinde und fand dann selbst den Tod. Vater mitten in einer Wolke.

Aber wir gerieten bald in Zwiespalt mit ihm, auch in unseren Geschichten. Er wollte nicht darin vorkommen, wollte nur in Ruhe gelassen werden, weit weg von uns.

Zuerst wohnten wir im Stadtviertel Hlíðar. Wir können uns nicht mehr daran erinnern. Vater erinnert sich noch.

Ich habe das Haus nur von außen gesehen. Es ist verkrüppelt. Es hat zwei Stockwerke und einen Keller, ein Stück Rasen davor und einen kleinen Gemüsegarten dahinter. Mit seinem Baustil verhält es sich wie mit Vater: Es ist keiner da, und das ist leidig. Vorn hat das Haus auf der einen Seite einen eckigen, auf der anderen Seite einen runden Vorbau. Vielleicht habe ich irgendwann einmal in dem Zimmer zwischen diesen beiden Gebäudeteilen geschlafen. Mir ist oft so zumute, als hätte ich in meiner Kindheit zwischen zwei verschiedenen Vorbauten gelegen.

Nein, wir wohnten im oberen Stock. Er ist im Ganzen zurückgesetzt und hat eine große Dachterrasse davor, allerdings kein Geländer. Es ist schon lange her. Gewiss, die Jahre vergehen. Eines nach dem anderen haben sie sich in uns aufgetürmt. Auch in Vater und um Vater herum.

Als ich aus dem Ausland zurückkam, fing ich in einer Transportfirma an – vielleicht wegen der Unrast, die mein ständiger Begleiter war. Ich konnte mich nie entscheiden, was ich am liebsten tun oder sein wollte. Bis auf ein paar Paperbacks und Plakate besaß ich nichts. Wie ein Luftzug war ich durch verschiedene Fakultäten gegangen – mit Brausen und Türenknallen. Und wie ein berühmter Dichter seligen Angedenkens legte ich nie eine Prüfung ab, war immer nur in der Fremde.

Mit der Wohnung hatte ich einigermaßen Glück – ich mietete eine Mansarde im Pingholt-Viertel. Alte Haushaltsgeräte bekam ich von überallher. Mein Toaster war ursprünglich an Bord der MS »Gullfoss« verwendet worden. Und meine Waschmaschine hatte in einer Waschküche gestanden, in der jemand umgebracht worden war. Mit ihrem einen großen, trüben Auge hatte sie alles mit ansehen müssen. Seitdem leckte es ständig leicht aus ihrer Füllklappe heraus.

Mir fehlte aber noch ein Kühlschrank. Magga rief mich in der Firma an und sagte, dass sie und ihr Mann einen für mich hätten. Ich fuhr zu den beiden hin. Sie hatten sich vor vielen Jahren ein Haus gekauft, das im Rohbau fertig war. Seitdem hat sich kaum etwas verändert. Nach wie vor führt keine ordentliche Treppe ins obere Geschoss, und eingerichtet ist es da oben auch noch nicht.

Maggas Mann ist nicht nur mehrfacher Meister im Fernschach, er leidet auch hochgradig an Höhenangst. Magga ebenso. Auf den Dachboden gehen sie nur, wenn sie dazu gezwungen sind. Welch merkwürdiger Zufall: Bogi, dieser so stark von Höhenangst geplagte Mann, wurde an Bord eines Flugzeugs hoch über den Westfjorden geboren. So etwas kommt oft im Leben vor.

Die beiden sind allein, haben keine Kinder. Wie schon gesagt: Er ist mehrfacher Meister im Fernschach. Magga ist, wie sie ist – irgendetwas fehlt an ihr, irgendwo. Vielleicht hat sie einen Schaden zurückbehalten …

Der Kühlschrank, den Magga für mich hatte, stand oben auf dem Boden. Ich habe keine Ahnung, wie er dorthin gelangt war. Ich fragte auch nicht danach, dachte damals, das wäre nicht so wichtig. Ich wusste, ich würde eine lange und umständliche Erklärung bekommen. Kaum hatte ich den alten Kühlschrank erblickt, begriff ich, dass es kein gewöhnlicher war.

Auf dem Dachboden gab es kein Licht, einzig durch die Treppenöffnung drang ein schwacher Schimmer nach oben. Magga bat mich um Entschuldigung wegen des vielen Gerümpels. Eine dicke Staubwolke wirbelte auf, als ich gleich neben der Treppe gegen einen Bretterhaufen stieß. Als sie sich gelegt hatte, gewahrte ich dieses weiße, leuchtende Monstrum. Es glitzerte wie eine Marmorsäule. Oder wie eine Salzsäule? Auf der Tür dieses gewaltigen Möbels stand mit goldenen Lettern »Icemaster«.

Über Funk rief ich ein paar Kollegen, die mir halfen, den Kühlschrank ins Auto zu schaffen. Dann fuhren wir alle zu mir in die Bergstaðastræti. Ich fuhr vorneweg, äußerst vorsichtig, damit der Kühlschrank ja keinen Schaden nahm. Das Ganze ähnelte einem Begräbniszug. Sollte das ein Vorzeichen gewesen sein?

Es war eine unglaubliche Plackerei, ihn die Treppe nach oben zu wuchten. Die Stufen knarrten, das Geländer krachte, und im Treppenhaus lag Tage später noch Schweißgeruch in der Luft.

Als die Kollegen fort waren, blieben wir allein zurück, ich und dieser zentnerschwere Kühlschrank. Er passte nicht durch die Küchentür, und darum ließ ich ihn im Wohnzimmer stehen. Mit seiner Oberkante reichte er bis an die Dachschräge. Ich mochte an jenem Tag nicht mehr zur Arbeit gehen und machte es mir im Sessel dem Kühlschrank gegenüber bequem.

Das Zimmer hat einen großen Erker mit einem Fenster und einer Tür zum Balkon. Ich hatte die Balkontür zum Auslüften geöffnet, und so saß ich dort in meinem

Sessel und sah zu, wie sich der Himmel draußen verdunkelte und die Lichtquadrate immer weiter auf dem Fußboden zurückwichen, je tiefer die Sonne am Horizont sank. Ihre Strahlen stellten geometrische Versuche mit den Staubpartikeln an, die wie braune Sterne in den mannigfaltigsten Lichtkegeln durch die Luft schwebten.

Ich hörte fernen Verkehrslärm aus dem Stadtzentrum und Motorengedröhn vom Flugplatz. Durch die Balkontür drang Kerosingeruch an meine Sinne. Und bei mir im Wohnzimmer summte der Kühlschrank wie ein kleines Kraftwerk.

Es war ein Moment von der Art, dass er einem irgendwie bedeutend erscheint, ohne eigentlich zu wissen, weshalb. Ganz so, als wirke man in einem Film mit. Als sei man ein Romanheld, den alle mögen. Als sei man wer.

Ich habe öfters derartige Augenblicke erlebt. Was diesen aber ohne jeden Zweifel so besonders machte, war, dass mir nach und nach klar wurde, weshalb ich dieses Gefühl hatte. Der Grund war: Ich traf zum ersten Mal meinen Vater.

Er war da. Ich konnte ihn fast berühren. Aber ich sah ihn nicht – natürlich nicht.

Meine erste Reaktion war, dass ich versuchte, ihn verschwinden zu lassen. Bruchstückhaft stiegen ein paar traurige Erinnerungen in mir auf. Ich sah sie in Blitzgeschwindigkeit vorbeiziehen: Mutter blickt mit verweinten Augen vom Küchentisch hoch, ein Kartoffelschälmesser in der Hand. Mutter und Großmutter stecken tuschelnd ihre Köpfe über dem Bügeltisch zusammen. Mutter nimmt Magga und mir die großen Hausschuhe weg, die wir in einem Schrank gefunden hatten. Wir ziehen um, ein um das andere Mal. Unser Heim, Eckpfeiler unseres Daseins, immer wieder der Spielball von Verkehrsvorschriften und Asphaltierarbeiten. Alles Vaters Schuld. Ein großes grünes Lastauto im Bræðraborgarstígur. Ein kleiner blauer Lieferwagen im Laugarnesvegur. Aufgestapelte Möbel. Ganz oben ragt weiß ein amerikanischer Kühlschrank heraus. Der schneebedeckte Gipfel unseres Hausrats.

Und Mutter hat davon nichts gewusst?

Die ersten Wochen, nachdem ich mich in der Bergstaðastræti eingerichtet hatte, vergingen ohne besondere Vorkommnisse. Wie immer bei meiner Arbeit hatte ich mal hier, mal dort in der Stadt zu tun. Ein Umzug von der Sólheimar hinauf nach Breiðholt in die Asparfell, Zement zum Ártúnshöfði, Kisten mit Alttextilien auf die Müllhalde. Abends glotzte ich in meinen Schwarzweißfernseher, ab und zu ging ich ins Kino. Und an den Wochenenden zechen und tanzen.

Kurze nächtliche Abenteuer mit Frauen, die sich warm und weich anfühlten und am Morgen danach bleich und schlaftrunken in verstaubte Taxis kletterten.

Ich habe die Beobachtung gemacht, dass sie nie zu mir nach oben zum Küchenfenster sehen, bevor sie in das Taxi steigen. Schnurstracks verkrümeln sie sich auf dem Hintersitz. Dann fährt das Auto los, und von einem bestimmten Punkt in der Straße reflektiert sein Dach das erbarmungslose Sonnenlicht direkt hinauf zu meinem Fenster.

Letzte Nacht geschah es dann. Ich war in die Küche gegangen, um mir einen Cocktail zu mixen. In meinem Bett schlief ein Mädchen. Sie hieß Lára und hat mit Computern zu tun. Sie schnarchte. Wir hatten beide mächtig einen sitzen und waren eigentlich viel zu benebelt, um überhaupt etwas anzufangen. Aber wir schliefen trotzdem miteinander. Es verschaffte ebenso viel Befriedigung, wie sich in einen Passbildautomaten zu setzen und auf die Taste zu drücken. Das Ergebnis war auch so ähnlich.

Ich ließ mich in den alten Sessel im Wohnzimmer nieder, schlürfte meinen Drink und horchte auf die Geräusche der Nacht. Draußen wurde es hell, und in den Bäumen begannen die Vögel zu zwitschern. Da vernahm ich plötzlich Stimmen. Ich spitzte meine Ohren und hörte, dass ein Mann und eine Frau miteinander sprachen oder vielmehr miteinander stritten. Beide wirkten gereizt. Und dann war da noch ein kleines Kind, das in einem fort weinte.

Ich erhob mich, um zu erkunden, woher die Stimmen kamen. Von draußen schienen sie jedenfalls nicht zu sein. Es war gleich, ob das Fenster offen stand oder geschlossen war. Auch im Stockwerk unter mir war alles still. Ich legte mich flach auf den Fußboden, um mich zu vergewissern. Aber als ich so auf dem Boden lag, merkte ich auf einmal, dass der Kühlschrank aufgehört hatte zu summen. Warum bloß?

Ich rutschte an ihn heran und legte mein Ohr an seine kalte, weiße Tür. Für das, was dann geschah, habe ich keine rechte Erklärung. Ich weiß nur, dass ich immer noch ziemlich berauscht gewesen sein muss und vielleicht auch etwas zerschlagener als sonst. Anders kann ich mir das nicht erklären. Jedenfalls werde ich plötzlich gewahr, dass ich mich nicht mehr in meiner Wohnung in der Bergstaðastræti befinde.

Ich halte auch nicht mehr meinen Drink in der Hand, sondern ein Spielzeugauto. Ich bin ein kleiner Junge, der völlig verängstigt in einer stockdunklen Küche sitzt, den Rücken gegen einen riesigen weißen Kühlschrank gelehnt.

Ich kann kein Wort verstehen, höre nur den undeutlichen Klang von aufgebrachten Stimmen und das Schluchzen von Magga. Auf Zehenspitzen gehe ich zur Tür und blicke ins Wohnzimmer. Vater schnellt plötzlich aus dem grünen Sessel hoch, wirft sich auf Mutter und versetzt ihr einen Stoß. Sie fällt und schlägt dabei gegen die Wiege. Die Wiege kommt ins Rollen. Ich habe alles ganz deutlich vor Augen. Die Tür zur Dachterrasse steht offen. Da ist kein Geländer. Mir ist sofort klar, was passieren wird. Die Wiege rollt, ihre Räder quietschen. Die Schwelle ist zu flach. Draußen ist es finster. Ich sehe, wie die Wiege in der Dunkelheit verschwindet, höre den dumpfen Knall, als sie unten aufschlägt. Mutter blickt Vater an. Es schmerzt. Ich habe einen metallischen Geschmack im Mund. Dann stürmt sie aus dem Zimmer, und ich höre, wie sie mit klappernden Pantoffeln in Windeseile die Treppe hinunterhastet. Vater lässt sich in den grünen Sessel zurückfallen und legt seine Hände vor das Gesicht. Die Terrassentür steht offen. Der Fußboden vor der Schwelle ist feucht vom Regen. Sein Haar ist dunkel und gelockt, ganz anders als meines.

Nach einer Weile steht er auf und kommt auf mich zu. Ich verstecke mich unter dem Küchentisch. Er kann mich nicht sehen. Er öffnet den Kühlschrank, räumt den gesamten Inhalt heraus und entfernt schließlich auch die Gitter. Sein Gesicht sehe ich nicht, einzig das Lämpchen im Kühlschrank spendet Licht, und er steht genau davor. Sein mächtiger Schatten zieht an der Küchendecke entlang wie eine schwarze Wolke.

Nachdem er den Kühlschrank geleert hat, verstellt er etwas am Reglerknopf, und das Summen wird stärker. Er zögert einen Moment, dann steigt er hinein. Er hockt auf seinen Fersen, den Blick zur Seite gewandt. Sein Gesicht glänzt von Schweiß. Dann verstreichen einige endlos lange Sekunden, bis sich ein weißer Nylon-ärmel und eine beringte Hand nach der Kühlschranktür strecken und sie von innen zuziehen. Ich sehe ihm direkt in die Augen, als er sie schließt. Hat er mich auch gesehen?

Ich krieche unter dem Tisch hervor, spüre, dass ich mich bepinkelt habe. Auf dem Fußboden im Flur ziehe ich mir die Schlafanzughose aus und laufe dann zu meinem Bett. In meinem Hals steckt ein großer, schwerer Kloß.

Dann überstürzt sich alles. Mutter kommt zurück und hält Magga in ein Federbett eingeschlagen. Beide sind voller Blut. Sie kleidet mich an, und wir drei eilen hinaus, als würde das Haus im nächsten Moment über uns zusammenfallen. Es regnet. Die Wiege liegt zerschellt im Garten. Die Terrassentür steht offen, und im Wohnzimmer brennt Licht, so als wären wir zu Hause. Als wäre nie etwas passiert.

Mutter kennt den Taxifahrer. Sie erzählt ihm, dass Vater verschwunden sei, dass die Polizei nach ihm suche, dass das Kind beinahe unverletzt zu sein scheint, dass es ein Wunder sei. Ich schweige, sage kein Wort.

Ich kam wieder zu mir, als ich mich am Griff der Kühlschranktür stieß. Ich merkte, dass ich in einer Pfütze saß, und ich schrak angewidert zusammen. Es war aber nur mein Cocktail, den ich verschüttet hatte.

Ich wusste nicht aus noch ein.

Lára schnarchte noch immer in meinem Bett. Draußen war es schon hell, und von irgendwoher war die Morgenandacht des Rundfunks zu hören. Ich zog mich rasch an, hielt meinen Kopf in den kalten Wasserstrahl über dem Abwaschbecken. Bevor ich die Wohnung verließ, zog ich den Stecker für den Kühlschrank aus der Steckdose. Mir schien das irgendwie sicherer zu sein.

Ich setzte mich in mein Auto und fuhr los, ohne ein bestimmtes Ziel, doch ehe ich mich versah, war ich im Stadtviertel Hlíðar. Ich hielt dem verkrüppelten Haus gegenüber und nahm es eine Weile prüfend in Augenschein. Ein Lieferwagen stand davor. Leute zogen gerade ein, ein junges Paar mit zwei Kindern. Ich wollte schon zu ihnen laufen und sie davon abbringen, sah dann aber ein, dass das zwecklos wäre – ein wildfremder Mann, der irgendetwas von einer Dachterrasse ohne Geländer und einer Leiche im Kühlschrank faselt.

Ich fuhr zurück nach Hause. Lára war weg. Ich setzte mich an den Küchentisch und dachte nach. Über mich und über Vater, den ich jetzt endlich gefunden hatte – einzig und allein, um ihn verschwinden zu sehen.

Ich war fest entschlossen, seinem Beispiel zu folgen und genauso von der Bildfläche zu verschwinden. In einer Wolke vielleicht. Oder mich in eine Windbö zu verwandeln. Ich selbst hätte seinen Tod verhindern können, aber ich habe es nicht getan. Er hat nie erfahren, dass Magga den Sturz überlebt hat.

Ich habe den Kühlschrank wieder angestellt, er läuft mit höchster Kühlleistung. Und ich habe telefonisch eine Annonce aufgegeben: »Verkaufe Kühlschrank. Zu erfragen Bergstaðastræti …« und so weiter.

Ich brauche nur noch einen Abschiedsgruß für Mutter und für Magga zu hinterlassen und die Gitter leer zu räumen. Aber wie immer, wenn eine Entscheidung ansteht, bin ich mir nicht sicher, ob es auch wirklich das ist, wonach es mich am meisten verlangt. Vielleicht mache ich auch nur einen Spaziergang hinunter zum Stadtteich. Ich kaufe mir ein Eis in der Lækjargata und warte so lange in der Sonne, bis mein Kater langsam, aber sicher aufhört.

Oder ich lege diese Blätter in das Gefrierfach und hocke mich selbst darunter – bye, bye.

Ich weiß es nicht, noch nicht. Vielleicht weiß ich es gleich, vielleicht nie.

Ich sitze im grünen Sessel.

Die Terrassentür steht offen.

DORA HELDT

Königin der Meere

Ela

Freust du dich?«

Ich riss mich so zusammen, dass mir der Nacken wehtat, und versuchte, das strahlende Lächeln meiner kleinen Cousine auszuhalten, ohne hysterisch loszulachen. Sprachlos starrte ich auf den »Gutschein für eine Kreuzfahrt«.

Daniela, von allen nur Dani genannt, tippte aufgeregt auf die Abbildung eines monströsen Schiffes. »Von Barcelona nach Mallorca. Wie im Fernsehen. Wir beide.«

Sie platzte fast vor Freude und Aufregung, während ich krampfhaft auf der Suche nach einer Antwort war.

»Eine Kreuzfahrt«, wiederholte ich tonlos. »Das ist ja was.«

Meine kleine Cousine ist zehn Jahre jünger als ich. Auch unsere Mütter haben diesen Altersunterschied. In unserer Familie bekommt man Kinder eigentlich mit fünfundzwanzig. Dani kann es noch schaffen, sie hat noch ein Jahr Zeit, bis sie das Vierteljahrhundert vollmacht. Ich bin schon aus der Nummer raus, übrigens zum Entsetzen meiner Mutter und meiner drei Tanten, die das unmöglich finden und alles auf mein seltsames Leben schieben. Ich bin nämlich aus unserem Dorf weggegangen und lebe jetzt in der Großstadt. In einer Wohnung, statt auf einem Bauernhof, und ich habe nicht ein einziges Haustier und im Moment auch keinen Mann. Außerdem bin ich zu dünn, meine Haare sind zu kurz, ich mache irgendetwas mit Werbung, was im Dorf niemand versteht, geschweige denn braucht, ich habe meine Jugendliebe verlassen, der jetzt der Landarzt ist und viel Geld verdient, und ich habe mich geweigert, den Hof meiner Eltern zu übernehmen. Die Einzige aus meiner Familie, die mich nicht für geisteskrank hält, ist Dani. Im Gegenteil: Sie himmelt mich an, trägt mit Handkuss meine Garderobe auf und besucht mich hin und wieder in Hamburg. Alles, was ich mache, findet sie toll, wahrscheinlich weil es alles so ganz anders ist als das, was sie macht. Sie ist Köchin im Lokal »Zum grünen Jäger«, wohnt noch bei ihren Eltern, hat einen Freund, der Feuerwehrmann ist, einen verhaltensauffälligen Hund namens Jogi Löw und zwei Schwestern, die mit ihren Männern und Kindern in den Nachbarhäusern wohnen. Und sie hat ein unfassbar sonniges Gemüt und, wie ich jetzt gerade gelernt hatte, ein großes Talent fürs Kreuzworträtsel. Bei einem solchen hatte sie nämlich die Kreuzfahrt für zwei Personen gewonnen. Die zweite Person war ich, Manuela, von allen nur Ela genannt. Leider.

»Warum nimmst du nicht deinen Lars mit?«, versuchte ich es mit schwacher Stimme. »Ich weiß gar nicht, ob ich überhaupt Urlaub bekomme.«

»Bekommst du«, beteuerte Dani freudig. »Ich habe nämlich sofort nachdem ich von dem Gewinn erfahren habe in deinem Büro angerufen und mit deiner Kollegin Susanne gesprochen. Sie hat sich total gefreut für dich und deinen Urlaub bereits eingetragen. Außerdem: Für Lars wäre so eine Reise nichts. Der muss immer spucken, wenn er auf dem Wasser ist. Er kann noch nicht mal schwimmen. Außerdem muss er auf Jogi Löw aufpassen. Also, freust du dich jetzt? In zwei Wochen geht es los. Ich freue mich wahnsinnig, ich habe nur ein bisschen Angst vor dem Flug, aber du bist ja dabei.«

»Und du willst wirklich, dass ich mitkomme?«, versuchte ich es ein letztes Mal. »Was ist denn mit deinen Eltern oder Schwestern oder einer Freundin?«

»Ach, Ela«, sagte Dani sanft und legte mir ihre Hand auf den Arm. »Ich habe nur deinetwegen bei diesem Kreuzworträtsel mitgemacht. Um die Kreuzfahrt zu gewinnen. Weil du doch in Hamburg immer so viel arbeitest und dein Freund mit dir Schluss gemacht hat und weil du deswegen so dünn geworden bist, und weil du neulich gesagt hast, dass du keine Lust mehr hast, deinen Urlaub zu Hause oder auf Norderney zu verbringen. Deshalb.«

Sie guckte mich treuherzig und voller Güte an. So wie sie es sagte, klang das gar nicht so schlimm. Richtig war aber, dass nicht mein Freund mit mir Schluss gemacht, sondern seine Frau uns erwischt hatte. Mein Job stand auf der Kippe, weil mein Freund auch mein Chef war und damit mein Verbleib in der Firma noch nicht endgültig geklärt war. Deshalb hatte Susanne mir auch ohne Weiteres den Urlaub gegeben. Die freute sich nämlich wie Bolle, dass wir aufgeflogen waren, weil sie meinen Chef immer für sich haben wollte. Aber das konnte ich der naiven Daniela natürlich nicht erzählen.

Ich atmete also tief aus, erwiderte Danielas Blick und sagte, dass ich mich geehrt fühlte. Was sollte ich auch sagen, ohne sie zu verletzen? Dabei bekam ich schon Pickel, wenn ich am zweiten Weihnachtstag das ›Traumschiff‹ im Fernsehen angucken musste, was zwingend zu den Weihnachtsritualen meiner Familie gehörte. Lauter schöne Menschen in der untergehenden Abendsonne, Musik und Tanz, bunte Cocktails, abenteuerliche

Liebesgeschichten und zuallerletzt das Happy End mit Wunderkerzen und Tusch der Bordkapelle. Grauenvoll. Und jetzt würde ich selbst eine Kreuzfahrt gemeinsam mit meiner fröhlichen kleinen Cousine machen. Unfassbar.

Barcelona – Ela

»Mich machen all diese Spanier ganz verrückt«, sagte Dani, sah sich misstrauisch um und drückte ihre Handtasche fest an sich. »Ich verstehe kein Wort von dem, was sie sagen.«

»Wir sind in Spanien«, antwortete ich, ohne das Gepäcklaufband aus den Augen zu lassen. »Da leben Spanier. Die verstehen dich übrigens auch nicht.«

Nur noch wenige Taschen und Koffer zogen an uns vorbei, die meisten Fluggäste hatten bereits mit ihrem Gepäck die Halle verlassen. Selbst Danis schrecklicher Koffer war schon da, der alte graue Familienkoffer mit den Aufklebern, die von der Reiselust unserer großen Familie zeugten. Jetzt fehlte nur noch mein metallic roter, teurer und fast neuer Koffer. Langsam wurde ich nervös. »Wann legt das Schiff denn ab?«, fragte ich Dani. »Nicht dass die ohne uns fahren.«

Sie kramte die Reiseunterlagen aus ihrer Tasche. »Gott sei Dank, erst um neunzehn Uhr. Wir haben noch jede Menge Zeit.«

Aber mein Koffer kam nicht. Das verbesserte meine Laune nicht unbedingt. Ich schickte Dani mitsamt ihrem Gepäckmonster in die Ankunftshalle, damit sie sich schon mal beim Abholservice melden konnte, während ich zum Schalter für verloren gegangenes Gepäck ging. Das fing ja schon mal ganz toll an.

Eine halbe Stunde später saßen wir im Bus, der uns zum Hafen brachte. Dani überschlug sich geradezu vor lauter Begeisterung über die Palmen, die Sonne, die Häuser und was weiß ich nicht noch alles. Ich hatte einen Hals, weil ich ohne Gepäck an Bord gehen musste. Ein Mitarbeiter der Reederei meinte zwar mit einem beruhigend professionellen Lächeln, dass wir meine Sachen im nächsten Hafen abholen könnten, das änderte aber nichts an der Tatsache, dass ich aktuell noch nicht einmal eine Zahnbürste, geschweige denn irgendetwas zum Anziehen hatte. Meine Cousine fand das überhaupt nicht schlimm, sie meinte nur, sie habe doch genug mit und könne mir problemlos etwas leihen. »Und jetzt guck doch endlich mal, die vielen Palmen. Wie im Film.«

Ich hasse Palmen.

Danis Tagebuch

Jetzt sind wir also da. Ela und ich auf diesem riesengroßen Schiff. Und weil ich auf keinen Fall irgendetwas von der Reise vergessen will, habe ich mir ein Notizbuch gekauft, in das ich alles eintragen werde. Aber von Anfang an:

Der Flug war toll, wir hatten unsere Plätze ziemlich weit vorn, in der fünften Reihe, und konnten sogar einmal kurz ins Cockpit gucken. Es gab auch etwas zu essen, Hörnchen und Kaffee und so kleine Schokoladentafeln. Ganz toll. Die Schokolade habe ich aufgehoben, als Erinnerung. Ela hat fast den ganzen Flug über geschlafen, die ist total kaputt von der Arbeit und ihrer Trennung und so und ist erst kurz vor der Landung aufgewacht. Als wir in Barcelona gelandet sind, war ich erst total durcheinander, weil um mich herum ja nur noch

Spanisch oder Englisch gesprochen wurde. Ich habe gar nichts mehr verstanden. Ela blieb ganz cool, aber die ist ja auch das Reisen ins Ausland gewöhnt. Für mich ist es schließlich das erste Mal. Dann mussten wir unsere Koffer abholen. Meinen Koffer kann man ja sofort erkennen, er hat diese schönen Aufkleber. Er kam auch sofort, nur Elas nicht. Dann war Ela ziemlich sauer, was ich übertrieben fand, weil der nette Mitarbeiter vom Schiff sich sofort gekümmert hat.

Morgen sind wir in Marseille in Frankreich, und da soll der Koffer dann zum Hafen gebracht werden, hat er gesagt. Ich habe so viele Klamotten eingepackt, da leihe ich ihr gerne welche. Sie kennt sowieso alle. Sind ja von ihr. Lustig!

Die Busfahrt durch Barcelona war toll, überall Palmen und schönes Wetter, und dann der Hafen. Dieses riesengroße Schiff. Ich konnte gar nicht reden, so beeindruckt war ich. Auf dem Schiff sieht es überhaupt nicht aus wie auf einem Schiff, sondern wie in einem ganz vornehmen Hotel. Es gibt Unmengen Etagen, Treppen, Fahrstühle und Gänge, mir wurde ganz schwindelig, und ich hoffe nur, dass ich mich hier nicht verlaufe. Ela ging so schnell zu unserer Kabine, dass ich kaum hinterherkam. Sie meinte, sie müsste erst mal duschen. Die Kabine ist auch toll, mit Balkon und eigenem Badezimmer, mit Fernseher, Kühlschrank. Es ist wie im Film.

Später hat uns eine nette Dame abgeholt, und wir wurden in einen Salon gebeten. Weil wir doch Preisträger sind. Da waren noch drei Ehepaare und zwei Frauen. Ich weiß gar nicht, ob das auch Gewinner waren, jedenfalls gab es für alle Sekt und kleine Häppchen. Danach bekamen wir eine kleine Führung durchs Schiff und wurden zum Schluss in ein Restaurant geführt. Das war der reine Wahnsinn. Für so viele Leute gleichzeitig zu kochen! Ich habe mich den ganzen Abend gefragt, was die für eine Küche haben. Ich weiß ja, was das für ein Stress ist; wenn bei uns Schützenfest ist, müssen wir zweihundert Essen gleichzeitig ausgeben. Ich werde fragen, ob ich mir die Küche mal angucken kann. So, jetzt muss ich Schluss machen, Ela will das Licht ausmachen, sie ist schon den ganzen Abend müde gewesen. Sie mochte gar nicht gerne reden, es wird wirklich Zeit, dass sie sich mal ein bisschen erholt. Bis morgen.

Marseille – Ela

Ich wurde von einem Heidenlärm wach. Nicht von Danis Schnarchen, sondern von den Geräuschen, die entstehen, wenn ein Schiff dieser Größenordnung in einem Hafen anlegt. Nach einem kurzen Blick auf die Uhr setzte ich mich auf die Bettkante, wartete ab, dass der Schwindel nachließ, und ging dann leise auf den Balkon. Marseille im Nebel war kein Anblick, der mich zu Begeisterungsstürmen hinriss. Lauter graue Häuser in viel grauem Nebel. Dazu ein leichter Nieselregen und höchstens zehn Grad. Der zweite Tag fing so an, wie der erste geendet hatte. Ich hatte ja keine Ahnung gehabt, dass man als Preisträger eines Kreuzworträtsels zum Champagner mit dem Kapitän gebeten wurde, sonst wäre ich wohl kaum in einer von Danis Jeans und Blazer losgegangen. Dani hatte mir ganz stolz die Sachen rausgelegt. Meine helle Hose von der Reise konnte ich leider nicht mehr anziehen, denn darauf prangten mittlerweile undefinierbare Flecken. Wenn etwas schiefgeht, dann geht gleich alles andere auch schief. Ich fühlte mich in diesem Moment, als hätte sich alles gegen mich verschworen, besonders als mir auch noch einfiel, dass auch meine gesamte Kosmetik gerade in meinem Koffer durch die Gegend irrte. Ich war nicht nur schlecht angezogen, ich war auch gänzlich ungeschminkt. Und Dani konnte mir in dieser Beziehung nicht aushelfen. Sie gehörte in die Gruppe »ungeschminkte Wahrheit« und benutzte weder Mascara, Make-up oder Puder. Ich dachte noch, wir würden nur kurz übers Schiff schlendern und am Selbstbedienungsbüfett etwas essen. Aber dann saß ich in einer Jeans, die mir inzwischen fast zwei Nummern zu groß war, und in einem roten Blazer, den ich schon vor drei Jahren aussortiert und in den meine Cousine Schulterpolster eingenäht hatte, weil so etwas bei uns im Dorf immer noch modern war, beim Kapitänsempfang und fühlte mich wie den Achtzigerjahren entsprungen. Der Kapitän hatte uns kaum eines Blickes gewürdigt. Die anderen Gäste waren eindeutig besser angezogen als wir. Zwei der Paare wollten an Bord heiraten, eines feierte hier seine Silberhochzeit, und zu guter Letzt kamen noch zwei Frauen, die zur Reederei gehörten. Beide unglaublich gut angezogen, mit perfektem Make-up und teuren Schuhen. Dani wurde immer aufgeregter, und ich habe drei Gläser Champagner in mich hineingeschüttet und ein Stoßgebet abgesandt, damit dieser erste Abend ganz schnell vorbeigehen würde. Tat er aber leider nicht. Wir wurden noch durch das Schiff geführt, anschließend bekamen wir im Restaurant einen Tisch zugewiesen. Dani hat sich sofort mit allen unterhalten. Als sie dann auch noch den Namen der Firma, in der ich arbeitete, nannte, rief eine Frau am Nachbartisch ganz begeistert aus, dass diese Werbefirma ja ihrem Bruder gehöre, Alex Wiener, und dass er ja dann mein Chef sei. Mein Nicken war gequält und versiegte ganz, als sie mir erzählte, dass sie sich auf Mallorca mit ihm und seiner Frau treffen wollten, um das silberne Freudenfest zu feiern. An dieser Stelle beschloss ich, den Abend zu beenden.

Und jetzt saß ich hier und starrte in die Nebelbänke von Marseille. Wenigstens sollte im Laufe des Tages mein Koffer kommen, hat man mir gesagt. Dani hatte sich für heute mit einem der beiden jungen Brautpaare zum Landausflug verabredet, ich hatte abgelehnt, weil ich meinen Koffer ja in Empfang nehmen wollte und außerdem in der Spa-Abteilung einen Massagetermin hatte. Ich brauche dringend ein paar Stunden Ruhe.

Marseille – Danis Tagebuch

Ich sitze hier in einem französischen Café, trinke einen Milchkaffee, esse ein Stück Kuchen und muss schnell mal ein bisschen was schreiben, damit ich nichts vergesse. Marseille ist ja toll, alle sprechen französisch und sind elegant, die Häuser sind ziemlich alt, und auf dem Markt habe ich echte Tintenfische gesehen, die noch so lebendig waren, dass sie immer wieder aus ihren Behältern rausgekrochen sind und von den Fischern wieder eingefangen werden mussten. Essen wollte ich die nicht mehr.

Es ist zu schade, dass Ela keine Zeit hatte, mit an Land zu kommen. Sie muss auf ihren Koffer warten, hat sie gesagt, und dass sie schon zweimal in Marseille gewesen sei. Wo Ela überall schon war, das ist wirklich kaum zu glauben. Ich war mit meinen neuen Freunden Jonas und Jennifer unterwegs, sie heiraten hier an Bord, am nächsten Freitag. Ich finde das wahnsinnig romantisch. Wir haben uns eine Kathedrale angesehen, haben die bunten Kunststoff-Stiere auf dem Marktplatz angefasst und in einem Schokoladenladen alle möglichen Pralinen probiert. Jonas und Jennifer wollten dann shoppen, aber ich habe mir lieber ein paar Ansichtskarten und einen Aufkleber für den Koffer gekauft und bin ins Café gegangen. Gleich fahre ich mit dem Bus zurück zum Schiff. Bis später.

So, jetzt sitze ich wieder auf dem Schiff, und zwar an der Poolbar, die ist auch super. Ich habe Ela einen Zettel in die Kabine gelegt, damit sie weiß, wo sie mich finden kann. Oh, und jetzt muss ich Schluss machen, weil gerade die vier Kegelschwestern aus Cuxhaven auf mich zukommen und mich zu einem Getränk einladen wollen. Also:

Prost.

Ela

Als ich im Bademantel von der Massage in die Kabine zurückkam, fand ich Danis Zettel: Bin in der Poolbar. Vom Koffer gab es übrigens nichts Neues. An der Rezeption hatte man mir gesagt, dass es ihnen wahnsinnig leidtue, aber irgendetwas sei wohl schiefgegangen. Es sei extra jemand vom Schiff zum Flughafen gefahren, aber mein Koffer sei nicht in Marseille angekommen. Wir könnten ihn am nächsten Tag in Monaco abholen. Ich war kurz davor auszurasten, habe mich dann aber zusammengerissen und beschlossen, mir dann wenigstens an Bord in einer der Boutiquen eine passende Jeans und eine etwas bessere Bluse zu kaufen. Die Rechnung würde ich der Fluggesellschaft schicken. Das war ja wohl das Mindeste. Das Problem war nur, dass die Boutiquen erst öffnen durften, wenn das Schiff auf See war. Und das war an dem Abend gegen einundzwanzig Uhr.

Ich würde also ein weiteres Mal schlecht angezogen

zum Abendessen gehen. Aber ich hatte einen solchen Hunger, dass ich nicht aus modischen Gründen bis einundzwanzig Uhr im Bademantel in dieser Kabine hocken wollte. Ich stellte mich also vor den Schrank und suchte ein einigermaßen passendes Outfit zusammen. Es war nicht einfach. Wie gesagt: Ich trug mittlerweile zwei Kleidergrößen weniger. Außerdem war Dani etwa fünfzehn Zentimeter kleiner als ich und hatte deshalb alle meine Klamotten kürzen müssen. Nach mehreren Fehlversuchen griff ich nach einem dunkelblauen Rock, schlang meinen eigenen Gürtel um den Rockbund, worauf sich wulstige Falten in der Taille bildeten, zog eine sehr weite rot-weiß gestreifte Hemdbluse darüber und machte mich auf zur Poolbar, um Dani abzuholen. Augen zu und durch. Morgen, das schwor ich mir, würde ich mein enges, schwarzes, sexy Schlauchkleid, die grüne Lederjacke und Highheels tragen.

Ich fand die Poolbar auf Anhieb, konnte Dani aber nirgends entdecken. Ich schlenderte langsam suchend über das Deck, bestellte mir erst mal ein Glas Weißwein und entdeckte plötzlich meine Cousine. Umringt von vier Frauen saß sie in einer Sitzgruppe, ein Glas mit einem blauen Getränk in der Hand, und strahlte. Als sie mich sah, riss sie ihren Arm hoch und schrie: »Ela, hier!« Alle sahen mich an. Ich trank den Wein aus und ging zu ihr.

Die vier Frauen hießen Rosi, Gudrun, Dagmar und Jutta, waren gutgelaunt, nicht mehr ganz nüchtern und begrüßten mich, als hätten wir jahrelang eine Wohngemeinschaft gehabt. »Du siehst schon richtig nach Urlaub aus«, rief Jutta mir zu. »Gar nicht mehr wie diese Werbetussis.«

Anerkennend betrachteten mich die vier und nickten. Sie trugen übrigens alle das gleiche grüne T-Shirt mit dem Aufdruck »Cuxi-Möwen«. Ich bestellte mir ein neues Glas Wein und ließ mich neben Dani in die Polster sinken.

»Mein Koffer ist übrigens nicht gekommen«, seufzte ich. Ihre Antwort war ein strahlendes Lächeln und ein Schluckauf. »Wir ... haben ja ... genug Sachen ... mit. Guck mal ... Rosi ... das waren früher Elas Klamotten, aber jetzt gehören die mir. Ganz ... teure ... Sachen.«

Während Rosi mit Daumen und Zeigefinger den Stoff des Blazers befühlte, beobachtete ich Gudrun und Dagmar, die einer Männergruppe am Tresen unmissverständliche Zeichen gaben. Als die fünf Männer, von denen drei Trainingsjacken mit dem Aufdruck »Fußballfreunde Bochum« trugen, zurückwinkten und schwerfällig von den Barhockern kletterten, griff ich Dani fest am Arm und sagte schnell: »Wir gehen jetzt essen, viel Spaß noch.«

Monaco – Danis Tagebuch

Es ist noch sehr früh, aber ich bin von selbst aufgewacht, und zwar genau in dem Moment, als das Schiff in Monaco eingelaufen ist. So was Tolles kann sich kein Mensch vorstellen. Der Hafen ist nämlich mitten in der Stadt, überall liegen hier die Millionärsyachten, die man sonst nur aus dem Fernsehen kennt. Und diese Häuser! Es sieht aus wie auf einem Wimmelbild, Tausende Fenster, alles Hochhäuser, die irgendwie in die Felsen gebaut sind, und überall gibt es reiche Leute. Caroline von Monaco und ihr Bruder Albert wohnen ja quasi um die Ecke, weil Monaco so klein ist. Vielleicht treffen wir die sogar!

Leider habe ich ein bisschen Kopfweh, weil irgendetwas in diesem blauen Getränk drin war, was ich überhaupt nicht vertragen habe. Meinen neuen Freundinnen aus Cuxhaven war auch etwas schwindelig. Ela und ich waren dann alleine beim Essen. Ich glaube, sie hat nicht besonders viel Lust, andere Menschen kennenzulernen, weil sie noch an der Trennung von ihrem Freund knabbert. Das kann man ja verstehen. Beim Essen ist mir dann ein bisschen übel geworden, vom Essensgeruch und vom Seegang. Ela hat mich dann in die Kabine zurückgebracht. Die Arme musste dann den Abend ganz allein verbringen. Das Gute war, dass ich früh eingeschlafen bin und deshalb jetzt schon den Hafen von Monaco sehen kann. Im Gegensatz zu Ela, die schläft nämlich noch tief und fest. Auf dem Sessel steht eine Tüte von der Schiffsboutique. Ich habe ganz vorsichtig reingeguckt, da ist ein blaues Kleid drin. Mit einem Matrosenkragen. Dass Ela so etwas mag, hätte ich gar nicht gedacht. Ich gehe jetzt jedenfalls frühstücken und freue mich auf Monaco. Bis später.

Ela

Das Pochen in meinen Schläfen und mein trockener Mund ließen mich aus dem Schlaf hochschrecken. Ich musste kurz überlegen, dann fiel mir alles wieder ein: Ich war auf einem Schiff, war immer noch nicht im Besitz meines Koffers, hatte meine kleine sturzbetrunkene Cousine gestern Abend vorzeitig in die Kabine gebracht und war dann noch mal in die Bar gegangen. Dort hatte mich ein Mann angesprochen, der mir vage bekannt vorkam, was aber auch am Wein liegen konnte, den ich schon reichlich genossen hatte. Irgendwann saßen Gregor und ich eingehakt nebeneinander und erzählten uns unsere leidvolle Geschichte. Ich erzählte von Alex, er von Marie, die ihn verlassen hatte, und wir bemitleideten uns gegenseitig und versuchten herauszufinden, wem von beiden es schlechter ging. Dann sind wir noch zusammen in der Schiffsboutique gewesen, die leider eine ausschließlich maritime Auswahl hatte. Dort suchte Gregor ein blaues Matrosenkleid für mich aus, was ich kaufte. An mehr konnte ich mich nicht erinnern.

Ich setzte mich stöhnend im Bett auf und überlegte, ob es eine gute Idee war, dieses Kleid zu kaufen. Mittlerweile war es zehn Uhr, ich hatte völlig verschlafen, aber wenigstens würde Dani schon beim Frühstück sein. Ich beschloss, aufs Essen zu verzichten. Stattdessen würde ich duschen, das neue, hoffentlich nicht allzu peinliche Kleid anziehen und mich auf den Weg zur Rezeption machen, wo ich so lange mit den Fingern auf den Tresen trommeln würde, bis jemand mich zum Hafenmeister begleitete, der meinen Koffer in Empfang nehmen sollte. Vielleicht würde ich auch Gregor wieder über den Weg laufen, wir hatten weder die Nachnamen, Telefonnummern noch die Kabinennummern ausgetauscht. Aber bei zweitausend Menschen an Bord wird es wohl ein Leichtes sein, sich wiederzufinden.

Danis Tagebuch

Ach, was war das für ein schöner Tag. Monaco ist der tollste Ort, den ich je gesehen habe. Für Ela war es wahrscheinlich nicht so ein schöner Tag, denn ihr Koffer ist immer noch nicht angekommen. Aber diesmal war sie gar nicht so sauer, nur ein bisschen komisch. Dabei sieht sie ganz süß in ihrem neuen Matrosenkleid aus, das kann sie auch gut zwei Tage anziehen. Und ich glaube, dass sie sich schon ein bisschen erholt hat, weil sie im Gesicht ganz jung aussieht. Dieses Schminken macht sie doch irgendwie älter.

Und dann hat sie verkündet, dass wir uns jetzt Monaco angucken würden und dass sie shoppen gehen würde, bis ihre Kreditkarte qualmt. Sie ließe sich doch nicht von unfähigen Fluglinien, die nicht mit Gepäck umgehen können, zwei Tage lang in ein Matrosenkleid stecken.

Wir haben uns dann am Hafen ein Ticket gekauft, mit dem man in ganz Monaco herumfahren kann, das ist sehr praktisch. Ela wollte eigentlich gleich zum Shoppen, aber plötzlich sprang sie wie angestochen in diesen Ausflugsbus, weil sie erst mal sehen wollte, wo überall die schönen Geschäfte sind. Es war so ein Erlebnis! Wir sind sogar zum Grimaldi-Palast gefahren, leider guckte Caroline aus keinem einzigen Fenster, ich habe trotzdem alles fotografiert und dann noch ganz tolle Monaco-Aufkleber gekauft, mit dem Palast und der Fürstenfamilie drauf.

Später sind wir dann durch die Gegend gelaufen und haben die schönen Geschäfte angeschaut. Die sind da allerdings wahnsinnig teuer. Ich habe nur geschluckt, als ich die Preise von der Unterwäsche gesehen habe, die sich Ela kaufen wollte. Aber so teure Wäsche ist doch wirklich nicht nötig, habe ich gesagt. Aber Ela hat nicht geantwortet. An der Kasse hat sich dann herausgestellt, dass Elas Karte nicht funktionierte. Ela hat in perfektem Französisch gesagt, dass sie nicht genug Bargeld dabeihatte, sie würde jetzt zur Bank gehen und später wiederkommen. Doch blöderweise wollte auch der Bankautomat die Karte nicht akzeptieren. Ich wollte ihr Geld leihen, aber Ela hatte dann keine Lust mehr und wollte nur noch zurück an Bord und sich betrinken. Das hatte ich zumindest verstanden, aber sie hat bestimmt etwas anderes gesagt. Eigentlich trinkt sie nämlich keinen Alkohol.

Ich bin dann noch mit meinen neuen Freunden, den vier Mädels aus Cuxhaven und Jonas und Jennifer, ins Casino gegangen. Das hieß zwar »Casino Monte-Carlo«, war aber nur ein Automatencasino, allerdings ein sehr schickes und elegantes. In das richtige wären wir wahrscheinlich nicht reingekommen, hatte Jonas gesagt, weil man da nicht mit kurzen Hosen reindarf. Erst wollte ich nicht um Geld spielen, aber dann habe ich doch fünf Euro in einen Spielautomaten geworfen. Sofort drehten sich alle möglichen Bilder, es klingelte und blinkte, und ich drückte ab und zu einfach auf irgendeinen Knopf. Der Automat hörte gar nicht auf mit Klingeln und Rattern, und plötzlich blinkte eine rote Lampe, auf der das Wort »Cash« stand. Was soll ich sagen? Ich habe 253,55 Euro gewonnen! Der Wahnsinn, oder? Alle haben laut geklatscht, und ich habe ganz stolz das Geld an der Kasse abgeholt.

Bevor wir zurück an Bord gingen, bin ich dann noch schnell in den Wäscheladen gegangen und habe für Ela die zwei Unterhosen gekauft. Aber nur zwei. Die waren ja so wahnsinnig teuer.

Ela

Es war ein Tag, um mit einem Lächeln in eine Kreissäge zu springen. Es ging heute Morgen schon mit dem Anblick des blauen Matrosenkleides los. Man sollte Kleidung definitiv nur nüchtern kaufen. Das hatte ich jetzt davon. Ich hatte tatsächlich ein Kleid gekauft, in dem ich mich bestenfalls vor zwanzig Jahren hätte konfirmieren lassen können. Und in diesem Kleid musste ich einen ganzen Tag durch Monaco laufen. Und als ob das nicht schon Strafe genug gewesen wäre, bekam ich auch noch vor dem Frühstück eine SMS von Alex. Der erste Satz lautete: »Wir müssen reden«, die letzten Sätze: »Ich halte es für besser, wenn wir uns nicht mehr sehen. Meine Frau macht mir die Hölle heiß, und ihr gehört die Firma. Ich schreibe dir ein hervorragendes Zeugnis und werde dich auch bei der Suche nach einem neuen Job unterstützen. In Liebe, A.«

Ich hatte der Versuchung widerstanden, das Handy über die Reling zu werfen. Stattdessen atmete ich dreimal tief durch und beschloss, als kleine Matrosin zusammen mit Dani auf einen ultimativen Shopping-Marathon durch Monaco zu gehen.

Über die dann folgenden Ereignisse des Tages konnte man nur den Mantel der Liebe decken. Es war ein Desaster. Nachdem wir das Schiff verlassen hatten und im Hafen standen, entdeckte ich plötzlich Gregor, der, im Gegensatz zu diesem albernen Matrosenkleid, auch bei Tageslicht sehr attraktiv war. Nur leider stieg er gerade mit dem Silberpaar, das ja zur Hälfte aus Alex' Schwester bestand, in ein Taxi. Sie kennen sich, dachte ich in Panik. Ich habe einem Freund von Alex' Schwester das ganze Theater erzählt! Vermutlich gab es Marie gar nicht, vermutlich sollte er mich aushorchen, vermutlich hatte ich gerade Verfolgungswahn und wurde hysterisch. Also änderte ich sehr spontan den Tagesplan und beschloss, zunächst eine Stadtrundfahrt zu machen. Hoffentlich würde ich Gregor dabei nicht über den Weg laufen.

Dann war die Sache mit der EC-Karte passiert. Keine Ahnung, wie das passieren konnte, aber die Karte war kaputt. Und meine Bargeldvorräte waren erschöpft, weil ich gestern mein dämliches Matrosenkleid bar bezahlt hatte. Dani wollte mir netterweise Geld leihen, aber ich hatte die Nase voll. Es ist weiß Gott kein Vergnügen, pleite, ungeschminkt, albern gekleidet und mit ruinierten Nerven mitten in Monaco zu stehen. Da munterte es einen auch nicht auf, wenn eine Gruppe von Marinesoldaten an einem vorbeilief, die bei meinem Anblick grinsten und die Hände zum Gruß hoben. Ich wollte so schnell wie möglich zurück an Bord und den Rest des Tages im schiffseigenen Bademantel im Spa-Bereich verbringen. Da sahen wenigstens alle gleich aus.

Und während in Monaco das Leben, der Jetset und meine Cousine mit ihren neuen Freunden tobten, lag ich im weißen Bademantel im Ruheraum und schlief. Das konnte ich zum Glück schon immer. Sobald ich größere Probleme, Liebeskummer, finanzielle Sorgen oder einfach nur das Leben gegen mich hatte, wurde ich müde. Und schlief ein. Stundenlang. Und an diesem Tag gab es genug Gründe, mich in den Tiefschlaf zu befördern.

Als ich wach wurde, stand Gregor vor mir. »Hey«, sagte er, lächelte und ließ sich auf die nebenstehende Liege sinken. »Und? Hattest du einen schönen Tag in Monaco?«

»Ja, danke«, sagte ich und versuchte, meine Schlaftrunkenheit abzuschütteln. »Schöne Stadt. Und du?«

»Ich auch.«

Das lief ja wie geschmiert, dachte ich und überlegte, wie ich die Sprache auf das Silberpaar bringen könnte. Mir fiel aber nichts ein. Das war auch gar nicht nötig.

»Mich hat ein nettes Ehepaar im Taxi mitgenommen«, erzählte er leichthin. »Ich hatte einen Termin in Monaco und wusste nicht genau, wie ich da hinkommen sollte. Und zufällig saßen die beiden bei mir am Frühstückstisch. Wir sprachen kurz darüber, und die beiden kennen sich hier aus. Da hatte ich Glück, die mussten auch in die Gegend. Warst du gar nicht frühstücken?«

»Nein.« Ein Termin in Monaco? Was machte der Mann denn beruflich? Geldwäsche? »Ich war ein bisschen malade. Zu viel Wein gestern.«

»War aber schön.« Er lächelte wieder. »Oder?«

»Doch.« Ich setzte mich auf und versuchte, den Bademantel am Auseinanderklaffen zu hindern. Gelang mir fast. »Ich habe ein bisschen viel Blödsinn erzählt, befürchte ich. Ich vertrage nicht so viel Wein.«

»Ich habe schon alles vergessen.« Er stand wieder auf. »Mach dir keine Gedanken. Ich fand es sehr schön. Wollen wir heute Abend zusammen essen?«

»Oh, ich bin ja mit meiner Cousine hier«, antwortete ich. »Ich kann sie nicht allein lassen. Gestern Abend war sie ein bisschen seekrank und deshalb so früh im Bett. Aber heute legt das Schiff spät ab, und Daniela möchte gern auf die Poolparty. Da gehen wir zusammen hin.«

»Dann sehen wir uns da«, er nickte. »Ich gehe jetzt in die Sauna, bis später.«

Ich starrte ihm nach, bis die Tür hinter ihm zufiel. Poolparty. War ich völlig irre? Ich wollte auf gar keinen Fall da hin. Weder als Matrose noch als Achtzigerjahre-Queen. Ich sollte am besten einfach weiterschlafen. Im weißen Bademantel. Aber dieser Gregor hatte was. Vielleicht würde der Tag nicht ganz so bescheuert enden, wie er angefangen hatte. Auch wenn er vielleicht hauptberuflich Geldwäsche betrieb. Gemeinsam mit Alex' Schwester. Ich nahm mir vor, das herauszukriegen.

Kleine Geschenke, auch wenn sie in diesem Fall teuer gewesen waren, wirken Wunder, das hat meine Tante Gerhild immer schon gesagt. Als Ela das elegante Päckchen vorhin aufgemacht hat, kamen ihr vor Freude die Tränen, und sie hat mich ganz doll gedrückt. Ich glaube, so hat sich noch niemand über zwei Unterhosen gefreut. Sie war so glücklich, dass sie überhaupt nicht mehr über den Koffer geredet hat. Sie hat sich dann ein Leinenkleid von mir übergeworfen. Es sieht ein bisschen aus wie ein Sack, aber Ela ist ganz zufrieden und will tatsächlich nach dem Essen mit auf die Poolparty gehen. Sie ist fast wie früher und sieht in dem weiten Kleid auch nicht mehr so dünn aus. Tante Gerhild würde sich freuen.

Beim Essen saßen wir erst allein am Tisch, dann kamen zwei meiner Cuxhavener Freundinnen dazu und schließlich das nette Ehepaar, das hier seine Silberhochzeit feiert. Ela hat ein bisschen komisch geguckt, und ich habe mich gewundert, als die Frau Ela plötzlich nach Alex fragte. Ich wollte gerade was sagen, als Ela nach mir trat, vielleicht aus Versehen, aber ich habe dann den Mund gehalten, auch weil es so wehtat. Am Nebentisch saß ein Mann, der Ela immer angeguckt hat. Aber sie hat gar nicht reagiert. Dabei sah er nett aus. Als Ela mal weggeguckt hat, habe ich ihm zugezwinkert. Er hat gelächelt. Wirklich ganz nett.

Nach dem Essen ging die Poolparty los. Die Cuxhavener Frauen hatten jetzt goldene T-Shirts mit dem Aufdruck »Prinzessinnen auf Tour« an. Echt witzig. Es gab eine richtige Band, die ganz toll gespielt hat. Die haben sich auch nicht dauernd »versungen« wie unsere Band daheim auf dem Schützenball. Sind halt Profis.

Dauernd kamen Kellner mit bunten Cocktails vorbei,

ich habe aber nur die alkoholfreien getrunken, ich wollte ja nicht schon wieder seekrank werden. Dafür haben wir sofort angefangen zu tanzen, bei der Musik konnte man gar nicht auf seinem Stuhl hocken bleiben. Ela hat nicht getanzt, sie saß neben dem Mann vom Silberpaar. Seine Frau tanzte gerade mit einem fremden Mann, dessen Hand auf ihrem nackten Rücken lag. Die hatte nämlich so einen ganz tiefen Ausschnitt. Ich finde das eigentlich unmöglich. Aber das müssen die ja selbst wissen. Der Ehemann kann Ela wenigstens nicht seine Hand auf die Haut legen, bei dem Kleid kommt man ja gar nicht ran. Irgendwann wollte der nette Mann vom Nebentisch Ela zum Tanzen auffordern. Aber sie hatte anscheinend keine Lust, deshalb ging er dann wieder.

Um Mitternacht gab es ein ganz schönes Feuerwerk. Wir standen alle an der Reling und sahen auf den Hafen von Monaco, das war richtig magisch. Und mitten in der Magie sah ich plötzlich Ela ganz dicht neben dem netten Mann an der Reling stehen. Das ist bestimmt ein Zeichen. Ich bin schon ganz aufgeregt.

So, morgen sind wir auf Korsika, da freue ich mich drauf, und deshalb gehe ich jetzt ins Bett. Ela schläft schon. Sie sieht ganz glücklich aus, bestimmt träumt sie von dem netten Mann.

Korsika – Ela

Der einzige Urlaub, den ich je mit meinem Exfreund Alex gemacht hatte, war der auf Korsika. Deshalb empfand ich einen Anflug von schlechter Laune, als ich das Anlegemanöver von unserem Balkon aus beobachtete. Dani schlief noch, sie war anscheinend von ihrer Tanzerei so fertig, dass sie überhaupt nicht wach wurde. Es war trotzdem Zeit, meine täglichen Rituale zu feiern: die Auswahl meiner Garderobe und den Versuch, meinen Koffer zu finden. Das mit der Garderobe ging schnell. Meine helle Hose nebst Bluse waren auch beim Waschservice an Bord nicht sauber geworden, also war heute wieder das gelüftete Matrosenkleid dran. Man spart viel Zeit, wenn man keine Auswahl hat.

Als ich von der Rezeption zurückkehrte, traf ich Gregor im Fahrstuhl, der auf dem Weg zum Frühstück war.

»Guten Morgen.«

Sein Lächeln war ziemlich sexy, wenn man genau hinsah.

»Hast du Lust, mit mir nach Ajaccio zu fahren? Oder machst du den Landausflug mit?«

»Ich?« Verdattert starrte ich ihn an. »Nein. Ich meine, ich mache den Landausflug nicht mit. Aber ich kann … Also gut, von mir aus.«

»Okay. Halb elf an der Gangway. Bis später.«

Die Fahrstuhltür ging zu, ich blieb davor stehen und merkte auf einmal, wie mein Ärger darüber, dass auch heute Morgen, wie gewohnt, mein Koffer noch nicht da war, einfach so verpuffte. Ich hatte eine Verabredung.

Kurze Zeit später wandelte ich in meinem flotten Matrosenkleid neben einem attraktiven Mann auf den Spuren von Napoleon Bonaparte durch Ajaccio. Er wusste alles über diesen Ort, der personifizierte Reiseführer. Nach zwei Stunden hob ich erschöpft die Hand und fragte: »Woher weißt du das alles?«

»Ich arbeite für ein Reiseunternehmen und war hier schon ein paarmal. Willst du noch etwas über diese Insel wissen? Du warst noch nie hier, oder?«, fragte er zurück.

»Doch, aber ich hatte Korsika nicht so interessant in Erinnerung.«

»Komm, ich lade dich zum Mittagessen ein. Gleich da

drüben auf dem Marktplatz kenne ich ein schönes Lokal.« Gregor legte leicht die Hand auf meinen Rücken, was bei mir einen kleinen Schauer auslöste, den ich sofort verdrängte. Ich war erleichtert, zum einen, weil es etwas zu essen gab, und zum anderen, weil er mich einlud. Mein Barvermögen bestand aus genau 65 Euro. Damit kam ich bei den Korsen nicht weit.

Nach dem wirklich wunderbaren Mittagessen liefen wir dann leider dem Silberpaar über den Weg.

»Ach?« Mit hochgezogenen Augenbrauen betrachtete mich Alex' Schwester, deren Namen ich immer noch nicht kannte, von oben bis unten und wieder zurück. »Was machen Sie denn hier? Haben Sie sich auch zufällig getroffen? Na ja, der Ort ist ja nicht so groß.«

Gregor sah sie freundlich an und sagte dann zu mir: »Darf ich vorstellen? Das ist das Ehepaar Lindemann, und das ...«

»Wir haben uns schon kennengelernt«, unterbrach ihn Frau Lindemann, ohne mich eines Blickes zu würdigen. »Haben Sie hier eigentlich auch beruflich zu tun?«

Gregor nickte. »Teilweise. Ich verbinde gerade Beruf und Urlaub auf geschickte Weise. Ich schaue mir gleich noch ein Hotel an, es soll das beste am Ort sein. Mal gucken, ob es wirklich so edel ist.«

»Und Sie? Sie gehen so mit?« Jetzt sah Frau Lindemann mich an, als würde ich im Leopardentanga vor ihr stehen. Mir fiel auf einmal auf, dass sie denselben arroganten Ausdruck wie ihr Bruder hatte.

»Ja«, sagte ich mit schockgefrorener Stimme, »ich gehe einfach so mit. Schönen Tag noch.«

Ich hakte Gregor besitzergreifend unter und zog ihn mit. »Diese blöde Ziege«, zischte ich leise. »Was bildet die sich ein?«

Leise lachend lief Gregor neben mir und drückte meinen Arm. »Alles gut. Frau Lindemann hat sich gewundert, dass jemand wie du, ich zitiere, bei ihrem wunderbaren und trendigen Bruder arbeitet. Ist der denn so wunderbar und trendy?«

»Na ja«, ich beschleunigte meine Schritte. »Das ist nicht so einfach zu erklären. Ich fand es zumindest mal. Vielleicht reden wir später mal drüber.«

Danis Tagebuch

Heute war wirklich ein ganz verrückter Tag. Es ging damit los, dass ich mich überhaupt nicht bewegen konnte. Also, ich meine wirklich gar nicht. Ich hatte einen solchen Muskelkater in den Beinen, dass ich keinen Schritt machen konnte, ohne vor Schmerzen zu winseln. Der Wahnsinn. Auf den Landgang musste ich dann wohl verzichten. Ich wäre ja die Gangway gar nicht runter-, geschweige denn später wieder hochgekommen. Dafür ist Ela gegangen, und zwar mit dem netten Mann gestern vom Nebentisch. Der heißt Gregor und hat sie heute Morgen gefragt, ob sie ihn begleiten will. Geht doch, habe ich mir gedacht. Meine Mutter sagt immer: Andere Mütter haben auch schöne Söhne.

Ich habe dann den ganzen Tag am Pool verbracht und mir einen richtigen Sonnenbrand geholt. Aber es war toll. Ich habe mit so vielen Leuten gesprochen, die sind ja hier alle so wahnsinnig nett. Das Beste war, dass ich Max kennengelernt habe. Der ist hier Koch und hat mir vorgeschlagen, dass er mir morgen die Küche zeigen kann.

Morgen fährt ein Bus nach Rom. Da will ich nicht mit. Dank Schwager Albert musste ich schon so oft mit dem Bus durch die Gegend fahren, das reicht für zwei

Leben. Rom hin oder her. Das kann ich auch alles im Reiseführer lesen. Und außerdem reden alle italienisch. Das verstehe ich sowieso nicht.

Ela ist erst sehr spät wiedergekommen. Sie sah ganz anders aus als heute Morgen. Irgendwie schöner. Und sie hat kein Wort darüber verloren, dass ihr Koffer auch im Lauf des Tages nicht gekommen ist. Stattdessen hat sie sich nur meine braune Strickjacke geholt und ist noch mit Gregor in die Bar aufs Außendeck gegangen. Richtig romantisch finde ich das. Ich gehe heute nicht mehr an die Bar. Ich gucke lieber einen Liebesfilm im Fernsehen. Den kann ich vom Bett aus sehen und meine schmerzenden Beine schön mit Pferdesalbe einreiben. Damit ich morgen wieder besser laufen kann.

Civitavecchia – Ela

In einem Hafenort mit einem unaussprechlichen Namen kam dann der Höhepunkt der Reise. Ich redete schon gar nicht mehr davon, dass mein Koffer auch hier nicht eingetroffen war. Das gehörte mittlerweile schon zum festgefügten Ritual. Nein, ich ging heute Morgen von Bord, um Daniela beim Aufkleberkaufen zu begleiten, drehte mich in der Menschenmenge, die auf dem Platz vor dem Hafen auf die Busse nach Rom wartete, nach Daniela um und prallte auf – Alex. Ganz genau: auf Alex. Der, den ich nie wiedersehen wollte, der arrogante Blödmann, der mir die Kündigung per SMS geschickt hatte, der vor seiner Frau kuschte, der, mit dem ich mich viel zu lange beschäftigt hatte. Und ich stand da in sehr kurzen, sehr weiten Hosen, einem langen weißen Hemd und Flipflops, die auf Korsika nur drei Euro gekostet hatten, weshalb ich sie mir leisten konnte. Ich war immer noch ungeschminkt und duftete nach grüner Seife. Und Alex? Der starrte mich stumm an, als hätte ich gerade die Finger an einer Bombenzündung.

Daniela stand dicht hinter mir und fragte: »Ist was, Ela?«

»Nein«, antwortete ich und starrte dabei Alex an. »Es ist gar nichts. Überhaupt nichts. Komm weiter, hier stehen so viele Idioten rum.«

Wir gingen einfach weiter, in den nächsten Kiosk, und kauften zwei Aufkleber. Einen für den Koffer und einen für mich. Hier in diesem Hafenort hatte ich eine Erscheinung gehabt. Und deshalb werde ich mir den gelben Aufkleber mit der Aufschrift Civitavecchia auf den Kühlschrank kleben. Zur ewigen Abschreckung aller Männer, die wie Alex waren.

Danis Tagebuch

Italienisches Eis ist doch das beste der Welt. Ela und ich haben in einem Ort mit einem sehr langen Namen große Eisbecher gegessen, anschließend war uns so schlecht, dass wir kleine Schnäpse getrunken haben. Es war so lustig. Ich habe Ela lange nicht mehr so lachen sehen. Wir haben dann einen Kassensturz gemacht. Dank meines Casinogewinns haben wir zusammen noch 297,69 Euro. Und weil wir morgen einen Schiffstag haben und an Bord kein Geld brauchen, haben wir unser Geld in zwei Kleider gesteckt. Ela in ein gelbes und ich in ein roséfarbenes.

Richtig tolle italienische Sommerkleider. Elas passt ihr wie angegossen. Sie hat gesagt, es sei ihr völlig schnuppe, wo ihr Koffer sei, sie hätte es nur einmal zu gern der blöden Lindemann gezeigt. Gestylt und mit hohen Schuhen an ihr vorbeirauschen. Das wär's gewesen.

Als wir wieder auf dem Schiff waren, gab es Mittagessen. Ela war total entspannt, zumindest so lange, bis Gregor kam. Da wurde sie dann ein bisschen nervös, aber ich habe ihr gesagt, dass es mir nichts ausmacht, wenn sie mit ihm weggeht. Ich hatte ja sowieso meine Küchenbesichtigung mit Max. Das war übrigens sehr beeindruckend: so eine große Küche und so viel Köche. Toll. Abends war ich dann mit Ela, Gregor, Jonas und Jennifer im Musical. Das war total schön. Das einzig Blöde war, dass alle um mich herum Händchen hielten. Ja, auch Ela und Gregor. Ich tat zwar so, als hätte ich es nicht gesehen, aber ich bekam in dem Moment eine Mordssehnsucht nach Lars und Jogi Löw.

Danis Tagebuch

Schade, schade, jetzt sitzen wir schon wieder im Flugzeug und sind auf dem Weg nach Hause. Die Zeit ist so schnell vorbeigegangen. Gestern war noch mal ein richtig schöner Abschlusstag. Das Schiff ist ja den ganzen Tag und die ganze Nacht gefahren, das nennt sich dann Bordtag. Ela und ich haben ausgeschlafen, dann gefrühstückt und sind dann erst mal in aller Ruhe einmal um das ganze Schiff gelaufen. Als wir wieder zu unserer Kabine kamen, gab es eine Riesenüberraschung: Elas Koffer stand vor unserer Tür. Einfach so, wie vom Himmel gefallen. Ela bekam einen Lachkoller und konnte sich kaum beruhigen. Aber sie hat sich nicht gleich umgezogen, sondern trug weiterhin ihr italienisches Sommerkleid. Ich hatte nämlich zufällig gehört, dass Gregor ganz leise im Theater zu ihr gesagt hatte, dass er es so schön findet, endlich mal eine Frau zu küssen, die nicht dauernd so durchgestylt sei. Das hat Ela anscheinend gefallen. Nur am Abend, da hat sich Ela für das letzte Abendessen an Bord richtig aufgedonnert. Sie schwebte in einem ganz engen schwarzen Schlauchkleid mit tiefem Ausschnitt, sehr hohen Absätzen und knallrotem Lippenstift an Frau Lindemann vorbei. Und als dann Gregor Elas Arm nahm, sind der fast die Augen rausgefallen. Auf einmal wollte sie dann doch mit Ela sprechen. Aber da hat meine Cousine sie ganz schön abblitzen lassen. So etwas kann sie nämlich ganz hervorragend. Dann bekommt sie schmale Augen und so eine frostige Stimme.

Leider ist unsere Reise nun vorbei, und morgen fahren wir ganz früh zum Flughafen und dann nach Hause. Vielleicht können Ela und ich ja noch einmal so etwas machen. Das heißt, ich werde jetzt ganz viele Kreuzworträtsel lösen, damit ich wieder etwas gewinne. Obwohl, Gregor arbeitet ja bei einem Reiseunternehmen. Vielleicht kriegen wir das bei ihm dann billiger. Dann könnten auch mal meine Schwestern, Eltern, Tanten, mein Onkel und der Schwager mit. Das Schiff ist ja groß genug. Da geht man sich nicht so schnell auf die Nerven. Nur Lars wird zu Hause bleiben müssen. Schade. Aber der passt dann wieder auf Jogi Löw auf.

Also, liebes Tagebuch, bis zur nächsten Reise.

Deine Dani

Ela

Wir flogen in aller Herrgottsfrühe von Palma de Mallorca zurück nach Hamburg. Keine Chance mehr, Palma zu sehen, in Ruhe zu frühstücken oder sich lange zu verabschieden. Und dann waren wir schon über den Wolken, Dani saß neben mir, völlig verschlafen, starrte aus dem Fenster und schrieb zwischendurch immer wieder etwas in ihr Notizbuch. Wahrscheinlich versuchte sie, alles, was passiert war, zu dokumentieren. Sie wollte jede Kleinigkeit aufschreiben, damit sie nichts vergaß. Vielleicht sollte ich das auch mal machen, um mich später besser erinnern zu können.

Was war jetzt also auf dieser Kreuzfahrt passiert? Ich hatte mehrere Länder und Städte gesehen, ich hatte eine Erscheinung gehabt und damit Alex aus meinem Kopf katapultiert, ich war eine Woche ohne Make-up und schlecht angezogen durch die Welt gelaufen, die dadurch trotzdem nicht untergegangen war, ich hatte Gregor kennengelernt, der nicht nur bei einem Reiseveranstalter arbeitete, sondern sogar der Inhaber war und eine Werbefachfrau für sein Unternehmen suchte, also hatte ich vermutlich auch einen neuen Job in Aussicht, und ich war ein Fan von Kreuzfahrten geworden. Das war doch kein schlechtes Ergebnis für so eine kurze Zeit. Und das alles nur, weil Dani das Wort »Liebeskummer« bei einem Kreuzworträtsel herausgefunden hatte.

Ich beugte mich zu Dani und küsste sie auf die Wange. »Danke schön, kleine Cousine«, sagte ich, schloss die Augen und lehnte mich zufrieden zurück.

DIETMAR BITTRICH

Talkshow im Ruhebereich

Du bist tiefenentspannt. Äußere Unruhe bringt dich selten aus der Fassung. Du zählst zu jenen raren Persönlichkeiten, die der Zen-Meister Shunryu Suzuki meinte, als er sprach: Mitten im Lärm verbleiben sie in der Stille.

So ist das bei dir. Im Kern deines Wesens spürst du unerschütterlichen Frieden. Gleichwohl bevorzugst du auf Bahnfahrten die Abteile, die als Ruhebereich gekennzeichnet sind. Piktogramme weisen den Weg: ein durchgestrichenes Handy und ein Gesicht mit Zeigefinger auf den Lippen. Psst, steht daneben.

Das ist die Lounge auf Schienen. Aufgesucht wird sie von Menschen, die für ihre Telefonate eine diskrete Umgebung schätzen. In den gewöhnlichen Abteilen ist die Geräuschkulisse oft so lebhaft, dass die fernmündliche Verständigung leidet. Dort muss man beim Telefonieren die Stimmbänder strapazieren. Nicht so im Ruhebereich. Hier sind ausgiebige Telefonate in gewöhnlicher Zimmerlautstärke möglich. Die Stimme noch weiter zu dämpfen, wäre unfair. Schließlich möchten alle mithören.

Psychologische Naturtalente wie du lauschen hier gewinnbringend den Mitteilungen der Reisenden. Die Bahn will damit ihren Auftrag zur sozialen Integration erfüllen. Anschaulich und für alle hörbar soll ein repräsentativer Querschnitt durch die Gesellschaft geboten werden, eine aktuelle Bestandsaufnahme all der Sorgen und Nöte, der Wünsche und Hoffnungen der Menschen im Lande. Was ihre Herzen bewegt, soll klar und verständlich offenbart werden. Und das geschieht!

»Also, warum meldet er sich nicht?«, hörst du sieben Reihen vor dir, ohne dass du die Frau sehen kannst. »Muss er wirklich so viel arbeiten? Okay, da steht irgendeine Prüfung an, aber er kann mich doch mal anrufen! Oder hat er in der Familie Probleme? Wahrscheinlich will er mich damit nicht belasten, aber mit mir kann er doch über alles reden! Zeit für sich? Die lasse ich ihm ja! Aber wofür sollte er sie brauchen? Für welche Hobbys denn? Und für welche Kumpels? Also, nein. Ich frage mich wirklich, ganz ehrlich, hat das Zukunft? Wenn von ihm so wenig kommt?«

Auch du hast da Zweifel. Aber du möchtest nicht vorschnell urteilen. Bis zum Ende der Fahrt wirst du genügend Anhaltspunkte sammeln können, um die Frau beim Aussteigen kompetent zu beraten: Lassen Sie den Kerl ziehen! Sie haben was Besseres verdient! Oder: Geben Sie ihm noch eine Chance, drängen Sie ihn nicht; er muss auch mal das Gefühl haben, allein zu entscheiden. Hast du deine Karte dabei? Gut. Überreiche sie gern. Heute war deine Therapie noch honorarfrei.

Viele potentielle Klienten sind unterwegs. »Ich hab schlechtes Karma«, heißt es drei Reihen hinter dir. »Seine Eltern kommen zu Besuch!« Das wird nun näher ausgeführt. Jemand anderes stellt fest: »Angeblich wollte sie kein Kind, aber sie hätte ja auch mal was tun können.« Du hörst dann auch, was. Der eine hat mit seinem Fitnesstracker Probleme. Der andere verträgt kein Sojaprotein. Weiter hinten geht es um die Hausratsversicherung. Zwei Reihen vor dir reist eine Midlife-Crisis. Jemandes Nachbar hat das Auto geschrottet. Zwei sind auf Wohnungssuche. Die Lady schräg gegenüber will die Zalando-Klamotten nun doch zurückschicken. »Sind inzwischen reichlich getragen, klar, ich hab sie gerade an.« Ein Blick, ja, Retournieren wäre eine gute Wahl. Sehr weit hinten geht es um den Regenwald: »Schlimm ist das, ganz schlimm!« Jemand vor dir erläutert die Vorzüge verschiedener Campingplätze. Und die junge Frau eine Reihe hinter dir berichtet: »Meine Eltern glauben immer noch, ich schulde ihnen was.« Warum sie anderer Ansicht ist, folgt dann ausführlich.

Natürlich ist das nicht immer und ununterbrochen so. Es können Pausen eintreten. Selbst im Ruhebereich gibt es Phasen, da ist es tatsächlich ruhig. Das irritiert. Diese **Leerzeiten** zu füllen, bist du ausersehen. Man hat dir oft bestätigt, dass du das Selbstbewusstsein anderer Menschen zu heben vermagst. In deiner Gegenwart fühlen sie sich wertvoller. Und das ist meist bitter nötig, immer wieder, auch in diesem Wagen. Du weißt: Am schnellsten liftest du die Stimmung der anderen, indem du dich selbst als Versager und Pechvogel darstellst. Gleich jetzt. You'll never talk alone.

»Meinen Job bei der Post bin ich los«, erzählst du in dein stumm geschaltetes Phone. »Irgend so ein Förster hat gestern die zigtausend Briefe entdeckt, die ich im Wald vergraben hab.« – Dann: »Beim Erbe haben sie mich total ausgebootet. Ich komme wohl nie auf einen grünen Zweig.« Du merkst schon, wie die Laune im Wagen steigt. »Bei diesem Dating Portal bin ich auf so ein Romance Scamming reingefallen, das war lediglich ein Ghostwriter, mit dem ich da geflirtet habe, das hat mich nur Geld gekostet.« Mit dem anschließenden Seufzer: »Ich werde nie meine große Liebe finden.« Gut kommt auch: »Die Grasplantage ist aufgeflogen, dabei haben wir da ein Vermögen reingesteckt, jetzt droht sogar Knast.« Und falls immer noch nicht alle zuhören:

»Meine Schwester hat sich ja eine Zeitlang als Online-Stripperin versucht, aber das ist nicht so richtig ins Laufen gekommen. Warte mal, den Link könnte ich raussuchen.« Jetzt müssten alle richtig gut drauf sein. »Nee, finde ich jetzt nicht.« Du kannst dich in deine innere Stille sinken lassen.

Du reist in der ersten Klasse? Ach so. Okay, dann Campingplätze und Regenwaldrettung ade. In diesem Ruhebereich sitzen die Leute, die das Land am Laufen halten. Die echten Influencer. Und du gehörst dazu. Danke im Namen aller anderen Reisenden! Hier werden seriöse Mitarbeitergespräche geführt. Hier wirst du Zeuge von Spitzenverhandlungen auf allerhöchster Ebene.

Hinter dir tönt es bereits: »Ich frag ihn also: ›Wie würde denn Ihre Lebensgefährtin Ihre größte Schwäche beschreiben?‹ Und er also: ›Ach, die würde erzählen, dass ich sehr direkt sein kann. Und das stimmt ja‹, sagt er, ›ich bringe die Dinge gern auf den Punkt.‹ Oh Gott, habe ich gedacht, diese Floskeln kannst du nicht mehr hören. Von wegen: ›Meine Schwäche ist: Ich bin ungeduldig.‹ Oder ›Meine Schwäche ist: Ich habe gern alles unter Kontrolle.‹ Alle haben dieselben Antworten drauf. ›Meine Schwäche ist, dass ich vielleicht zu genau bin‹, oh Gott, ›dass ich zu sehr auf Effizienz achte.‹ Alles schon tausend Mal gehört. Wann kommt einer mal mit der Wahrheit raus: ›Ich bin einfach ein Low Performer.‹ Den würde ich glatt einstellen!«

Oh, klingt gut. Du selbst warst von Geburt an ein High Performer. Aber du kennst viele Low-Leute. Du hast deine Karte dabei. Jetzt überreichst du sie dem schwadronierenden Personaler und empfiehlst deine alten Klassenkameraden Schlaffi und Schlurfi. Null Performance garantiert.

Mal sehen, was da noch kommt. Auch in der Businessclass geht es zuweilen um Beziehungen, aber mehr in der Form von Sorgerechtsverhandlungen. Und auch mal um Alltagsprobleme, etwa wenn Wurzeleinwuchs in der Abwasserleitung zu beklagen ist, »und das musst du erst mal orten, auf fünftausend Quadratmetern Grundstück«. Du befindest dich unter den wichtigsten Leuten des Landes.

»Ich sage also zu denen«, vernimmst du von weiter hinten, »ich sage: Bitte, Leute, nennt mich nicht Businessguru, nennt mich nicht Meister, nicht Managementvordenker, ich bin einfach einer von euch! Und ihr wisst, was zu tun ist: Reißt die Denkmauern ein, Leute, legt die Scheuklappen ab, Stichwort Paradigmenwechsel, ihr habt die Energie, ihr seid hungrig, befreit euch aus Denkschablonen, sage ich, Stichwort Leadership, macht euch fit für die Zukunft! Ihr wollt Führungskräfte werden? Dann vergrößert euren Blickwinkel, verlasst die ausgetretenen Pfade!«

Hier ist deine Hilfe dringend nötig. Wer den Ruhebereich dermaßen vollfloskelt, bedarf deiner Unterstützung. Wer zu wissen glaubt, wie es geht, segelt gewöhnlich geradewegs in den Burnout. Wie es dein alter Lehrer Charles Bukowski ausdrückte: Leute, die den Zug heute mit Bedeutsamkeit füllen, werfen sich morgen davor. Du bist berufen, das zu verhindern, schon um den Lokomotivführer vor Traumatisierung zu schützen. Hilf dem lädierten Selbstwertgefühl der Reisenden. Sie tun nur so wichtig, weil sie fürchten, klein und unbedeutend zu sein. Da kommst du ins Spiel. Du an deinem stummen Handy. Du stapelst tief.

»Jakob?«, fragst du ins Telefon. »Ich wollte dir nur sagen, dass sie jetzt das Laken gefunden haben. Das ist bereits in der KTU. Ich schlage vor, wir hauen ab. Ich hab keine Lust, noch mal so lange zu sitzen.«

Diese Hinweise auf dein Pech sollten die ersten verängstigten Führungskräfte ein wenig stabilisieren. Oder: »Mit den Coins bin ich total auf die Schnauze gefallen. In wenigen Wochen habe ich jetzt mehr verloren, als mein Vater im ganzen Leben verdient hat. Und übrigens auch mehr, als ich je verdient habe.« Ah, nun huscht ein Lächeln über die Gesichter der umsitzenden Mühseligen und Beladenen. Du legst nach: »Kommt noch dazu, dass mein Doktortitel aufgeflogen ist. Hundertzwanzigtausend habe ich damals dafür hingeblättert. Das Geld ist sowieso weg, nun auch der Titel.«

Wenn du so weitermachst, wird das Abteil den Zugbegleiter bitten, für dich zu sammeln. Das kannst du verhindern. »Mein Status im OP wird immer schwieriger nach dem Fall. Ich habe die Frau noch gefragt: Es ist doch das linke Bein? Aber die hatte eine Links-rechts-Schwäche oder war schon sediert und jedenfalls nicht mehr ganz da. Na ja. Ich hätte das rechte Bein abnehmen sollen. Das schleppt sie nun immer noch mit. Da soll Aschenberg jetzt ran. Mich lassen die bald nichts mehr tun. Gott, die Sache mit der Namensähnlichkeit letztes Jahr, wo wir die falsche Frau operiert haben, das war die Schuld des Personals! Und mal ganz unter uns: Ist denn das wirklich so schlimm? Die Frau Tietje läuft immer noch mit meiner Schere im Bauchraum rum, und der geht's gut. Jedenfalls habe ich nichts mehr gehört.«

Gut. Das sollte reichen. Du kannst dich wieder in deine innere Stille zurückziehen. Um dich herum ist alles verstummt. Entweder malen sich alle die Story weiter aus. Oder einer verständigt via Messenger die Bundespolizei. Das wäre ja auch mal was. Wenn die reinkommen und dich fragen: »Haben Sie hier telefoniert?« – »Äh, ja.«

Du könntest dich auf einen geschassten Bahnvorstand

berufen, der mal gesagt hat: Vogelgezwitscher im Wald ist doch auch eine Art öffentliches Telefonieren – warum soll das in der Bahn stören? Ebent. Aber jetzt ist es ja vorläufig still, eigentlich zum ersten Mal im Ruhebereich. Du hast das erreicht. Was für ein Genuss! Danke. Oh, Moment. Dein Phone summt. Ah, da ruft jemand an!

AXEL HACKE

La mia era rossa

Wahrscheinlich ist kein alter Fiat Cinquecento einfach nur ein alter Fiat Cinquecento. Er ist immer in erster Linie eine fahrbare Geschichte, die erzählt werden muss. Man kann mit einem solchen Auto durch ein italienisches Dorf fahren, an irgendeiner beliebigen Ecke anhalten und etwas warten. Es wird vermutlich nicht lange dauern, bis jemand kommt und mit einem Lächeln im Gesicht sagt:

Anch'io avevo una così. So einen hatte ich auch.

Ma la mia era rossa. Aber meiner war rot.

Dann wird er dir eine Geschichte erzählen.

Unser alter Fiat 500 ist blau und hat rote Sitze. Sein Lack ist original und glänzt im tiefen dunklen Blau des Meeres über seinen tiefsten Stellen in der Bucht vor unserem Dorf. Die Bezüge der Sitze sind noch makellos, und jedes Detail am Wagen ist so, wie es in den Zeiten war, in denen er gebaut wurde. Das war 1972. Dieses Auto ist eines der letzten seiner Art.

Zuerst gehörte es einer Frau, die ich natürlich nie kennengelernt habe. Sie lebt vermutlich schon lange nicht mehr.

Danach befand es sich im Besitz von Corrado.

Als ich Corrado zum ersten Mal sehe, halte ich ihn für einen Gebrauchtwagenhändler, er steht ja auch zwischen lauter gebrauchten Autos in einem Laden. Aber nur der kleine blaue Fiat mit den roten Sitzen ist seiner, die an-

deren gehören seinem Freund, der tatsächlich mit gebrauchten Wagen handelt. In dessen Geschäft hat Corrado seinen Fiat unterstellen dürfen, damit sich vielleicht
ein Kunde findet.

Es gibt auch einen. Der Kunde bin ich.

Corrado hat eine eigenartige Art zu sprechen, es ist
eher ein Murmeln. Ich habe deswegen immer ein wenig
Mühe, ihn zu verstehen, was nicht nur am Italienischen
liegt, sondern eher …

Na ja, eben am Murmeln.

Übrigens spricht er auch Deutsch. Er hat lange in
Deutschland gelebt und ist mit einer Deutschen verheiratet. Ich schätzte ihn auf siebzig Jahre. Auf dem Fiat
klebt ein Sticker mit den Frauentürmen in München.

Wir sind mitten in der Geschichte.

Den Fiat sehen wir, als wir einen Freund zum Hafen
in der Hauptstadt bringen, da kommen wir an dem Laden vorbei. Auf der Rückfahrt halten wir an und betrachten ihn, also den Fiat.

Blauer Lack, rote Sitze, wie gesagt.

Corrado ist zufällig da, er besucht gerade seinen
Freund, den Gebrauchtwagenhändler. Er zeigt uns sein
Auto, aber weil wir nicht viel Zeit haben, verabreden
wir uns für den nächsten Tag vor Corrados Haus in einer kleinen Vorortsiedlung mit schmalen Reihenhäusern
aus den Siebzigerjahren.

Wir treffen uns auf dem Parkplatz. Der 500er steht
neben einem anderen Fiat, einem *Panda*, der auch schon
recht betagt ist und auf seiner Abstellfläche umwachsen
von hohen Gräsern, die aus den Ritzen zwischen den
Parkplatzplatten emporsprießen. Was nichts anderes be-
deuten kann, als dass dieses Auto seit mindestens einem
Jahr nicht mehr von der Stelle bewegt worden ist.

Ob wir eine Probefahrt machen wollen, fragt Corrado.

Na klar.

Aber ihr müsst mit Zwischengas fahren, das Getriebe ist nicht synchronisiert bei diesen alten Autos.

Und wie geht das?

Wenn du raufschaltest, musst du die Kupplung treten, Gang raus, Kupplung loslassen, Kupplung treten, Gang rein, Kupplung loslassen. Wenn du runterschaltest: Kupplung treten, Gang raus, Kupplung loslassen, kurz Gas geben, Kupplung treten, Gang rein, Kupplung loslassen.

Kannst du es mir zeigen?

Corrado setzt sich auf den Fahrersitz, ich daneben. Er fährt ums Dorf, macht irgendetwas mit den Füßen und spricht dabei wie ein Mantra immerzu dieses *Kupplung treten, Gang raus, Kupplung loslassen, kurz Gas geben …*

Jetzt du.

Wir tauschen die Plätze. Als ich schalte, grüßt die Kupplung mit einem fürchterlichen Krachen.

Jetzt habe ich alles zerstört, sage ich.

Noch nicht, sagt Corrado. Aber bald.

Wir üben eine halbe Stunde. Dann übt meine Frau eine halbe Stunde. Dann sind wir wieder auf dem Parkplatz, und Corrado erzählt.

Er habe, sagt er, den Wagen seit mehr als vierzig Jahren, kaufte ihn nach seiner Rückkehr aus München, da war er dreiundzwanzig. Mit achtzehn hatte er hier im Dorf, am Strand, eine junge Frau kennengelernt, in die er sich verliebte. Aber sie war nur kurz hier, in den Ferien. Als sie abreiste, wusste er wenig von ihr, eigentlich nur den Vornamen, Barbara, und den Wohnort, München.

Und dass sie die Frau seines Lebens war, das wusste er auch. Er hatte es gleich gewusst, als er sie sah.

Er fuhr nach München, im Jahr darauf, einfach mal so, aber irgendwie auch in dem etwas irren Glauben, er könnte dort Barbara begegnen, von der er nicht mal die Adresse hatte, auch keine Telefonnummer. Sein Bruder lebte in Pasing, bei dem konnte er wohnen. Es gefiel ihm in München, er beschloss, ein wenig zu bleiben, fand auch eine Arbeit, als Schlosser. Er arbeitete, und wenn er nicht arbeitete, suchte er nach Barbara.

Man möchte es nicht glauben, aber: Er fand sie. Es dauerte ein Jahr. Aber er fand sie.

Nur leider war sie inzwischen verheiratet. Das hatte er, sagt Corrado, zu respektieren, *non volevo disturbare lí*, ich wollte dort nicht stören.

Er blieb fünf Jahre. Dann kehrte er zurück auf die Insel, kaufte den Fiat 500 und befestigte hinten am Fenster das Schild *München.* Er heiratete auch. Seine Frau und er bekamen mehrere Kinder. Vierunddreißig Jahre lang arbeitete er hier als Mechaniker oder eben als Elektriker, wie gesagt, ich weiß es nicht mehr, irgendwas in der Art. Vor zehn Jahren starb seine Frau. Corrado wartete ein Jahr, dann fuhr er wieder nach München, wo immer noch sein Bruder lebte. Unauffällig hielt er Ausschau nach Barbara. Er fand sie auch wieder, tatsächlich. Ihr Mann war auch gestorben.

Wiederum ein Jahr später heirateten sie. Und nun leben sie hier, im Dorf, in dem sie sich einmal kennengelernt hatten.

Barbara sei nun auch nicht mehr die Jüngste, murmelt Corrado, und so habe sie Mühe, in dem kleinen, engen Fiat 500 zu sitzen. Von dem Geld, das er für den Wagen bekomme, werde er ein schönes *Motorino* kaufen, auf dem sie beide bequem Platz hätten, er vorne, sie hinten.

So ist es dann wohl auch gekommen, denn ich fahre

mit dem Fiat 500 zurück in unser Dorf. Besser gesagt: Meine Frau fährt ihn. Wir sind mit unserem Auto zu Corrado gekommen, und das muss nun auch zurück ins Dorf. Ich fahre mit ihm vorweg und sehe im Rückspiegel immer wieder das kleine blaue Auto mit dem offenen Verdeck, aus dem die Haare meiner Frau wehen.

Unten vor dem Dorf parke ich. Ich steige zu meiner Frau in den *Cinquecento* und wir fahren gemeinsam ins Dorf zu unserer *Cantina*. Als wir in die enge Gasse zum Zentrum einbiegen, sehen wir *l'altro Pietro*, den anderen Pietro, den wir so nennen, weil er nicht *der* Pietro ist, der in der Nähe der *Cantina* wohnt, sondern eben der, der zwei Gassen weiter eine kleine Wohnung hat, vor der er immer sitzt und *La Repubblica* liest, fast den ganzen Tag lang. Eigentlich wohnt *l'altro Pietro* in Lucca auf dem Festland, aber er ist den ganzen Sommer hier, um vor seiner Wohnung *La Repubblica* zu lesen.

Das heißt, manchmal geht er auch schwimmen, aber immer nur kurz und gleich in der Frühe, er ist nicht so gerne am Strand, glaube ich.

Einmal, vor Jahren, traf ich ihn morgens auf meinem Weg zum Frühstück in der Via Roma.

Wo warst du so früh schon?, fragte ich.

Ich war baden, rief er und lachte. Was die Deutschen können, kann ich auch.

L'altro Pietro mag die Deutschen gern, aber manchmal findet er sie einfach etwas überheblich, das ärgert ihn. Sie dächten, so denkt er von ihnen, sie könnten alles besser als die Italiener, und das grämt ihn fast jeden Tag ein bisschen, denn er liebt sein Land und findet, dass es immerzu unterschätzt werde.

Ich glaube, wir können besser baden als ihr!, rief ich, und wir lachten beide. Aber ein bisschen ärgerte es ihn schon wieder, glaube ich, das mit den Deutschen.

Nun sitzt er aber gerade auf der Treppenstufe vor seiner Behausung und winkt mit seiner *Repubblica.*

Wir halten vor ihm.

Che bella macchinina!, ruft er. Was für ein schönes kleines Auto!

Wir bedanken uns artig und voller Freude für sein Lob.

Anch'io avevo una così, sagt er. So einen hatte ich auch.

Ma la mia era rossa. Aber meiner war rot.

Er fügt hinzu: *Le belle auto si costruiscono anche in Italia*, auch in Italien baut man schöne Autos.

Wir müssen ihn jetzt in die *Cantina* stellen, sage ich, hoffentlich kriegen wir ihn durch die Tür.

Davor fürchte ich mich schon den ganzen Tag: vor der engen kleinen Einfahrt in die *Cantina*. Ich habe mit dem Zollstock einige Tage vorher extra noch mal nachgemessen: Das Tor ist insgesamt nur acht Zentimeter breiter als das Auto. Aber damit ist das Problem nur unzulänglich beschrieben. Dieses Tor befindet sich nämlich an einem winzigen Hof, der seitlich der Gasse liegt. Und unmittelbar neben dem Garagentor beginnt eine Treppe, die zum Dorf hinaufführt. Ihre erste Stufe schließt mit dem Türpfosten ab. Es ist also unmöglich, vor der Einfahrt mit dem Auto auszuholen und dann gerade ins Tor zu fahren. Man kommt von der Gasse aus schräg auf das Tor zu, und das macht aus den acht Zentimetern, also, sagen wir: fünf. Oder drei.

È fottutamente stretto, sagt *l'altro Pietro*, der seine Zeitung unter den Arm geklemmt hat und uns zu Fuß gefolgt ist. Es ist scheißeng.

Du meinst, es geht nicht?, frage ich.

Dooooooch! Natürlich gehe es.

Aber wie?

Rückwärts!, ruft Pietro, der aus seinem Wohnungsfenster in der Gasse nebenan geschaut hat und ebenfalls herbeigeeilt ist, rückwärts geht es am besten. Ich frage mich, ob er uns überhaupt sehen kann, er hat ja diese Augenkrankheit.

Ich kann doch nicht immer rückwärts die ganze Gasse hochkommen, nur um dann rückwärts in die Garage zu fahren.

Dafür kannst du ja vorwärts raus.

È molto facile, es ist ganz leicht, murmelt der Nachbar, der plötzlich in der Tür steht. Ihm klebt eine Zigarette auf den Lippen wie immer, und seine Kleidung ist weiß von Zement bestäubt, weil er gerade sein Bad renoviert. Du fährst ein Stück in die Gasse voraus, dann rückwärts in den Hof, dann wieder vorwärts, dann kommst du ziemlich gerade da rein.

Dann muss aber das *Motorino* da weg.

Es steht nämlich vor der Garage eines Nachbarn gleich gegenüber.

Wem gehört das überhaupt?

Gianna von der Eisdiele, sagt meine Frau, verschwindet und kehrt mit Gianna zurück, die ihr *Motorino* wegschiebt und sich dann zu Pietro, *l'altro Pietro* und dem Nachbarn gesellt.

Ich setze mich ins Auto, fahre vor in die Gasse, dann zurück, ganz wie der Nachbar gesagt hat. Es ist ein heißer Tag, und dieser alte *Cinquecento* hat keine Servolenkung. Außerdem geht immer wieder der Motor aus, und das fachkundige Publikum macht mich nervös. Ich schwitze in Strömen, kurbele, zünde, kurbele. Nach etwa zehn Minuten ist es mir gelungen, den Wagen so querzustellen, dass weder vorne noch hinten auch nur der geringste Raum ist. Die hintere Stoßstange berührt die Mauer des Hauses von Pietro, die vordere das des Nachbarn.

Das Auto klemmt wie ein fester Pfropfen quer in der Gasse, wahrscheinlich für immer, ein Denkmal des lächerlichen Deutschen, der versucht hat, einen *Cinquecento* in seine Garage zu fahren.

Wie zum Teufel sollte man es da wieder wegbekommen?!

Dammi una mano!, sagt der Nachbar. Hilf mir mal!

Er fasst die vordere Stoßstange rechts, ich links. Pietro, der inzwischen die Treppe heruntergekommen ist, und *l'altro Pietro* tun das Gleiche mit der hinteren Stange. *L'altro Pietro* legt dafür nicht mal seine Zeitung beiseite, sondern behält sie unter den Arm geklemmt. Wir heben den Wagen an und stellen ihn längs in die Gasse. Es geht ganz leicht. Das liegt daran, dass dieses Auto ganz leicht ist.

Soll ich mal?, fragt *l'altro Pietro*.

Bitte, sage ich, bitte!

Und noch mal leise: bitte!

Er setzt sich ins Auto, wirft die *Repubblica* auf den Beifahrersitz, fährt es knapp an der Hauskante vorbei auf die Tür zu, schlägt kurz davor ein und bugsiert den Wagen, ohne einmal zu bremsen, in die *Cantina*.

Bravo!, rufe ich, *grazie!*

L'altro Pietro zuckt die Schultern, als wäre das alles nichts gewesen.

Und raus fährst du dann rückwärts, wendest hier im Hof und in der Gasse, dann kannst du vorwärts aus dem Dorf raus.

Klar, sage ich.

Mach mal, sagt er.

Ich mache das, sagt meine Frau.

Sie setzt sich in den Wagen und fährt ihn langsam, aber doch zügig hinaus, zieht eine Kurve und stellt ihn in die Gasse.

Das Publikum applaudiert.

Gut, dass du verheiratet bist, sagt Gianna von der Eisdiele, an mich gerichtet.

Aber rückwärts rein geht es auch, murmelt der Nachbar, der unerklärlicherweise immer noch dieselbe Zigarette in derselben Länge leicht qualmend auf den Lippen hat wie Lucky Luke früher seine Zigarette und heute den Grashalm.

Ci provo?, fragt er. Soll ich mal?

Volentieri, sage ich. Gerne.

Er schwingt sich auf den Fahrersitz, legt den Rückwärtsgang ein, wendet den Wagen huschhusch in Gasse und Hof biegt dann wieder rückwärts in diesen kleinen Hof ein und fährt den Wagen, ohne auch nur eine Sekunde zu zögern, schnurgerade über die Schwelle.

Als er aussteigt, sind die roten Sitze des Autos weiß vom Zement auf seiner Hose und seinem Hemd. Auch auf dem Lenkrad sieht man weiße Flecken, die von seinen Händen stammen.

Anch'io avevo una così, sagt er.

Davvero?, sage ich. Echt?

Sì, ma la mia era rossa.

MAX SCHARNIGG

Aller Fang ist schwer

Es fängt wohl mit ein paar neuen Schimpfwörtern an.
Ich lerne sie an diesem Morgen von meinem Vater. Er
hat eine geliehene Teleskoprute in der Hand und eine
Rolle, und auf der Rolle macht die Schnur einen Knoten,
so groß wie eine Orange. Ein fürchterliches Durcheinander. Und mein Vater, ein Riesenmensch, Riesenfinger
auch, müht sich seit einer halben Stunde, das Ende der
Schnur zu finden oder die richtige Schlaufe, die aus dem
Getüdel wieder eine schöne glatte Angelschnur macht.
Wir wissen beide noch nicht, dass es diese Schlaufe niemals gibt.

Um uns herum stehen Angler, bei denen das alles problemlos funktioniert. Sie werfen aus, ihre Schwimmer
stehen kerzengerade im Wasser, sie fangen Forellen. Jeder fängt hier Forellen, denn wir sind an einer Angelan-
lage in Tirol, wo meine Oma wohnt. In Deutschland ist
so etwas Ende der achtziger Jahre noch verboten. An-
gelanlage funktioniert so: Morgens werden in den kleinen See Fische aus den Zuchtbecken nebenan geworfen,
tagsüber fangen die Gäste sie heraus und zahlen einen
hübschen Preis dafür. In einem Häuschen kann man die
Angelruten und Köder leihen, und hinterher stehen die
Gäste an einem langen Waschbecken und nehmen ihre
Forellen aus, die alle genau gleich groß sind. Es ist eigentlich wie beim Fischhändler, nur mit etwas mehr Ei-
genleistung.

Während mein Vater die Rolle der Einfachheit halber in ihre Einzelteile zerlegt und dabei lautstark den einen oder anderen grundlegenden Konstruktionsfehler aufdeckt, streune ich an unserem Platz herum. Wie herrlich alles ist! Jeder Angelplatz hat eine Bank, der ganze See ist mit gehobelten Holzstämmen eingefasst, in seinem klaren Wasser spiegelt sich der Wilde Kaiser, und überall stehen die kleinen roten Köpfe der Schwimmer, wenn sie nicht gerade von einer Forelle unter die Oberfläche gezogen werden. Es ist immer noch Vormittag, von den Bergen kommt neue Luft. Ich bin an diesem strahlenden Kaisermorgen neun Jahre alt und trage einen Pullover mit einem Fisch, den mir meine Oma extra für den Ausflug gestrickt hat.

Es wird der einzige Fisch bleiben, den wir an diesem Tag abkriegen. Mein Vater und ich schaffen es, an dem Forellenteich keine Forelle zu fangen, eine Sensation, die ich erst heute so richtig ermessen kann. An dem Tag ist es mir aber ziemlich egal, ich versteh gar nicht genau, warum die Mama und die Oma später so enttäuscht die Hände ringen und alle über die leere Bratenform neben den Salzkartoffeln lachen. Ich hab doch wunderbare Sachen von unserem Angelausflug mitgebracht. Unter unserer Bank habe ich rostige Haken gefunden, ein paar Bleikugeln; sogar ein beinahe nicht kaputter Schwimmer hatte da gelegen und jede Menge Schnurknoten, die genauso aussahen wie die auf unserer Rolle. Diese Schätze habe ich sorgfältig gesammelt und in ein Kistchen gelegt, das nenne ich fortan mein Angelzeug.

Je öfter ich das Kistchen und seine Bestandteile in die Hand nehme und sortiere, desto dringender wird mein Wunsch, wieder an den See zu fahren. Schließlich, wenn schon auf unserem Platz so viele nützliche Dinge auf dem Boden lagen, was wäre zu finden, wenn ich ein bisschen größere Suchrunden drehen würde? Mein Vater will auch wieder hin. Er nimmt eines Tages, da sind wir schon wieder in der Stadt, beim Frühstück ein Stück Käse, schneidet es in kleine Würfel und behauptet, das sei ein guter Forellenköder. Das hätte er gelesen. Mama und ich finden das ungeheuer komisch, Käsewürfel für Fische! Die frühstücken doch gar nicht! Bei unserem ersten Besuch hatten wir Mais aus der Dose benutzt, was bei näherer Betrachtung eigentlich auch nicht weniger komisch war.

Das mit dem Käse müssen wir testen, also fahren wir ein paar Wochen später wieder hin. Wir sind auch schon ein bisschen bessere Angler. Mein Vater lässt sich an der Ausleihe eine andere Angelrute geben, dazu haben wir die professionellen Käsewürfel und gehen damit an eine neue Stelle, von deren Qualität wir uns das letzte Mal überzeugen konnten. Während mein Vater die Rute schwingt, beginne ich mit meiner Suche nach Überbleibseln am Ufer und feiere die schönsten Erfolge. Offenbar muss das Forellenangeln hier die Menschen ganz schön anstrengen, wenn sie dabei nicht mehr auf ihre Sachen aufpassen können. Ich finde zwei zerzauste Fliegen, einen rostigen kleinen Blinker und ein Päckchen Vorfachhaken, in dem noch zwei neue Vorfächer drin sind. Ich kenne den Zweck und den Namen dieser Dinge nicht genau, aber es sind schöne erwachsene Sachen, und mein Angelzeug wächst von ganz allein. Mein Vater optimiert unterdessen seine Wurfkünste.

Das Auswerfen ist ja ein essentieller Bestandteil beim Angeln. Es war mir beim letzten Mal gar nicht aufgefallen, dass unser Schwimmer immer nur ganz nah am Ufer gestanden hatte, während die anderen in der Seemitte fischten. Der Papa ist der stärkste Papa, den ich kenne, er würde problemlos über den See werfen können. In Wirklichkeit hat er aber die Schnur immer zu früh losgelassen, was zur Folge hatte, dass Schwimmer und Köder zwar enorme Höhen erreichten, dann aber senkrecht vor unseren Füßen ins Wasser klatschten. Jetzt geht es besser, unsere Käsewürfel vom Frühstückstisch baden schon deutlich im Nichtschwimmerbereich. Es sieht gut aus, ist aber auch ein bisschen langweilig, finde ich.

Nach zwei Stunden, in denen ringsherum im Minutentakt die Forellen aus dem Wasser gehoben werden, äußert mein Vater den Gedanken, die Angel und das Häuschen, in dem er sie ausgeliehen hat, zu zerhacken. Ich weiß gar nicht, warum er so sauer ist, es ist doch genau wie letztes Mal. Einer, der nahe genug steht, um die Drohungen mitzuhören, kommt zu uns und wedelt mit einer kleinen Tüte. Damit sollten wir es probieren, das würde uns hundertprozentig unsere Fische verschaffen. Er hält uns den Tüteninhalt unter die Nase, so etwas habe ich noch nie gesehen. »Leber!«, sagt der Mann und geht, seine Forellen zu putzen. Mein Vater verzieht das Gesicht, aber die Verzweiflung ist beträchtlich, deswegen schneidet er ein Stück der triefenden Leber ab und hängt sie zu dem Käsewürfel an den Haken. Mich wundert gar nichts, höchstens dass die Forellen so viele unterschiedliche Speisen mögen.

Schon wiesele ich wieder hinter ihm herum, aber nicht lange, denn mit einem Schlag sehe ich nur noch einen hellen Schmerz und habe ein blitzendes Reißen am Kopf, das mich jäh aufheulen und zu Boden gehen lässt. In den nächsten Sekunden beugen sich mein Vater und die halbe Anlage über mich. Der Schmerz kommt von meinem rechten Ohr. Als ich die Hand wegnehme, geht ein Raunen durch die Runde. »Der Vater hat eam's Ohrwaschl ausgrissen!«, ruft einer. Der blutige Fetzen am

Ohr ist aber nur die Leber und nicht das Waschl, der Käsewürfel ist mir derweil in den Pullover gefallen. Mein Vater hat mich beim Auswerfen also sauber durchs Ohrläppchen gehakt.

Der Betreiber der Anlage eilt mit Zange und Pflaster herbei und kneift den Haken ab, ein anderer schenkt mir eine halbvolle Dose Mais, die restliche Menge zerstreut sich. Ich heule vorsichtshalber noch ein bisschen, dann pule ich nach dem Käsewürfel im Pullover, aber der bleibt für immer verschwunden. Das ist bedauerlich, denn es ist unser letzter. Also gibt es nur noch Leber für die Forellen, die weiterhin nicht daran denken, uns zu erlösen.

Mir reicht's, ich baue aus einem Ast und den gefundenen Utensilien meine eigene Angel und halte sie mit einem Maiskorn ins Wasser. Beim Rausheben ist ein Fisch dran. Keine Forelle, irgendwas Winziges, das glitzernd zappelt. Wir springen vor Überraschung aus dem Stand zwei Meter nach hinten. Schließlich wagt mein Vater sich vor und entlässt das Fischchen wieder ins Wasser. Das ist er also, der Erste! Mein Vater inspiziert argwöhnisch den dünnen Ast und meinen Haken, mit dem solche Wunderdinge möglich sind. Dann zieht er seinen Schwimmer ein und platziert ihn neben meinem, an der Wunderstelle, zwei Handbreit vom Ufer entfernt. Aber das nächste Fischlein hängt wieder bei mir. Ein schaurig-schönes Gefühl, etwas Zappelndes an der Schnur zu haben. Es muss am Haken liegen. Der, den ich gefunden habe, war klein, der an der Leihangel hängt, hat etwa die Größe eines Enterhakens.

Gönnerhaft gebe ich meinem Vater den zweiten kleinen Haken aus meiner Schatzkiste. Er ködert einen neuen Batzen Leber an, wirft aus, und klatsch, die Leber landet ziemlich weit hinten im See, der Schwimmer ziemlich weit vorne. So geht es noch ein paar Mal, das Zeug hält einfach nicht am kleinen Haken. Es fängt an zu regnen, kein Berg spiegelt sich mehr im Wasser, Tropfen und Leberstücke prasseln leise auf uns nieder. Am Ende schenkt uns der Anlagenbesitzer zwei Fische, schließlich haben wir sie irgendwie schon bezahlt.

»Ich brauche meine eigene Angel«, sagt mein Vater noch auf dem Parkplatz. Für mich klingt das ungeheuerlich und etwa so, als würden wir uns eine Achterbahn in den Garten stellen.

»Ich auch«, melde ich vorsichtshalber an. Angelzeug habe ich ja schon. Und ein kleines Loch im Ohr.

DIANA HILLEBRAND

Nachts im Englischen Garten

Was! Du willst nackt in den Englischen Garten?« Marias Gesichtsausdruck und ihre Stimme liefern sich einen Wettstreit des Entsetzens, bei dem Franka nicht zu sagen vermag, wer vorne liegt.

Franka lacht. »Nein, keine Sorge, ich will ja niemanden erschrecken. Du hast mich nicht richtig verstanden. Ich möchte nachts in den Englischen Garten, nicht nackt.«

»Ach so. Na ja, auch nicht viel besser.«

»Warum? Was stört dich daran?«

»Da laufen doch nur Betrunkene herum, schlimmstenfalls sogar Vergewaltiger.«

Franka nimmt einen Schluck Kaffee und versucht zu erklären, was Maria vermutlich nie verstehen wird.

»So ein Unsinn. Ich glaube, es muss dort nachts traumhaft sein. Stell dir vor, komplette Stille, nur ich und die Dunkelheit ...«

»Pfff, es ist niemals absolut leise. Es gibt immer irgendwelche Geräusche. Und ich kann dir jetzt schon sagen, dass sie dir so ganz allein im dunklen Englischen Garten vorkommen werden, als habe jemand die Lautstärke hochgedreht.«

»Ach, so schlimm wird es schon nicht sein, und ruhiger als bei mir ist es allemal. Die Baustelle vor meinem Haus raubt mir den letzten Nerv. Gestern gab's auch noch einen Unfall.« Sie verdreht die Augen.

»Mach doch einfach die Fenster zu«, rät Maria.

Franka schnaubt. »Das ist doch nicht dasselbe. Ich muss mal weg von allem, kein Licht, kein Mensch, kein Krach. Detox von der Stadt.«

»Das wirst du nirgendwo in München finden.«

»Doch, vielleicht nachts im Englischen Garten.«

Ihre Freundin atmet hörbar aus. »Ich kann dich sowieso nicht davon abbringen. Aber dein Handy bleibt eingeschaltet. Dann kannst du mich anrufen, wenn was ist.«

»Klar. Ich warte nur noch auf den nächsten Vollmond, und dann geht's los.«

Nicht zum ersten Mal an diesem Tag prüft Franka den Inhalt ihres Rucksacks. Eine Thermoskanne mit heißem Tee, eine Taschenlampe, eine Fleecejacke … Das Handy ist voll aufgeladen. Gerade als sie es in den Rucksack stecken will, vibriert es in ihrer Hand.

»Wollte nur mal sehen, ob du dein Handy auch hörst.«

»Klar.« Franka hat mit diesem Anruf gerechnet. »Du kannst wirklich beruhigt sein, Maria. Ich reise ja nicht nach Sibirien, sondern nur in den Englischen Garten.«

»Ich verstehe immer noch nicht, warum ich nicht mitkommen soll. Dann wärst du nicht so allein.«

»Aber ich will doch allein sein!«

Maria stöhnt. »Es grenzt wirklich an ein Wunder, dass wir beide befreundet sind.«

»Gegensätze ziehen sich an.«

»Die Geräuschesammlerin und die Ruhesuchende.«

»Genau«, bestätigt Franka. »Und jetzt krieg dich ein. Ich rufe dich morgen an.« Sie steckt das Handy weg und wartet auf die Nacht.

Von irgendwoher aus der soften Dunkelheit dringen die vertrauten Töne des Songs »Sommer in der Stadt« an ihr Ohr. Die Spider Murphy Gang trifft anscheinend den Nerv der versprengten Grüppchen, die um Mitternacht in der lauen Nachtluft im Englischen Garten herumlungern. Das Milchhäusl liegt verlassen da, aber von Ruhe keine Spur. Flaschen klirren, Rufe, Rascheln, ein ewiges Suchen und Finden und Lachen.

Frankas Augen gewöhnen sich langsam an das fahle Licht. Manches muss man gar nicht richtig sehen, um es zu erkennen. Im Mondlicht wirken die Umrisse des Monopteros wie aus dem Himmel herausgeschnitten. Ein griechischer Tempel auf einem künstlichen Hügel mitten in der Stadt.

Als Franka sich mit dem Rucksack auf den Schultern an den Aufstieg macht, fühlt sie sich wie die Teilnehmerin einer Forschungsreise. Expedition in den Englischen Garten, denkt sie. Oben angekommen stellt sie ohne große Überraschung fest, dass sie nicht allein ist. Natürlich nicht. Eine Schar Mondlichthungriger hat sich hier zusammengefunden. Doch Franka hat keine Angst vor den flüsternden Stimmen und dem leisen Gekicher, das im Rundtempel herumweht. Es ist Sommer in der Stadt.

»Hey, junge Frau, komm doch her.«

Zunächst kann Franka nicht ausmachen, wer sie angesprochen hat. Doch dann erkennt sie einen älteren Mann, der an eine der Säulen gelehnt sitzt. Er sieht aus wie einer, der schon viel erlebt hat. Ein Lebenskünstler mit einem bunten Schal und abgelaufenen Schuhen.

»Setz dich her, wenn du willst. Hier ist noch Platz.«

Franka zögert, doch dann nimmt sie das Angebot an.

Der Lebenskünstler hat eine brüchige Stimme. »Schön hier, was?«

»Man vergisst, dass man mitten in einer Großstadt ist«, antwortet Franka.

»Was suchst du hier?«, fragt der Mann leise, ohne seinen Blick vom Horizont zu lösen.

Ein paar Minuten überlegt Franka und genießt das ungewohnte Gefühl, dass er sie nicht zu einer Antwort drängt. Die Zeit läuft anders in der Dunkelheit.

»Ich suche die Ruhe.«

Er lacht auf. »Dann bist du aber am falschen Ort, Mädchen.«

Zum Beweis weist er in Richtung Wiese. Grelle, weiße Handydisplays schweben quadratisch durch die Finsternis und stellen ganze Geschwader von Glühwürmchen in den Schatten. Jede Menge Nachtschwärmer tappen noch durch die Finsternis, den Blick auf den Bildschirm gerichtet. Mit einem Handy ist man nie allein.

»Teufelsdinger«, schimpft der Lebenskünstler.

»Und Sie?«, fragt Franka. »Was machen Sie hier?«

»Sag nicht Sie, so alt bin ich auch noch nicht. Ich bin der Benno.«

»Okay, Benno, was machst du hier?«

»Du suchst die Ruhe, ich die Weite. Manchmal ist mir einfach alles zu eng.« Er starrt in die Ferne. »Bis vor Kurzem habe ich unter einer Brücke geschlafen, und gelegentlich sehne ich mich danach zurück.« Er steht auf. »Aber jetzt muss ich los, sonst macht sich meine Freundin Sorgen.« Er steht auf. »Also, dann gute Nacht noch, und wenn du wirklich Ruhe willst, dann musst du viel weiter in den Park hineinlaufen. Über die Brücke, Richtung Norden, da wo die Schafe sind. Du kannst sie nicht überhören.« Er zwinkert ihr zum Abschied zu.

»Okay, das finde ich, danke für den Tipp.«

Der Englische Garten fühlt sich unendlich an, und der Mond begleitet sie. Darüber hat sie sich schon als Kind gewundert. Wenn sie stehen bleibt, dann bleibt der Mond auch stehen. Das gibt ihr ein Gefühl von Geborgenheit, auch wenn langsam eine feuchte Kälte durch den Stadtpark zieht. Wasser plätschert. Es ist ein Uhr, und immer noch ist Franka nicht allein. Wortfetzen fliegen ihr zu.

»Wo? Ich seh euch nicht.«

Der Typ klingt ein bisschen verzweifelt. Franka spürt deutlich, wie sich ihre Sinne an der Dunkelheit wie an einer Klinge schärfen.

»Wo seid ihr, Mann!«

Franka bleibt stehen, horcht ins Schwarze.

Seine Schritte bewegen sich in einiger Entfernung auf und ab. Sie verhält sich still und wartet.

»Ah! Jetzt seh ich euch. Ich leg auf.«

Schnelle Schritte, die sich entfernen. Franka stöhnt genervt auf. »Hier ist ja mehr los als sonntags bei meinem Lieblingsbäcker.« Sie denkt an Maria, die ihr genau das prophezeit hat: Auch nachts kommt der Englische Garten nicht zur Ruhe. Dafür sind einfach noch zu viele Leute in dieser Sommernacht unterwegs. Fast so viele wie tagsüber, nur dass jemand das Licht ausgeschaltet hat.

Franka läuft weiter, und es dauert gar nicht lange, dann schwappt Trubel vom Seehaus zu ihr herüber. Da versammeln sich die, die sich noch nicht voneinander trennen wollen, obwohl das Seehaus gerade zugemacht hat. Franka stellt sich vor, wie sie einander zuprosten, sich necken, lauthals in die Nacht hinein lachen. Wenn sie dabei nur nicht so laut wären! Ohne einen Blick zu riskieren, lässt sie das johlende Geräuschpaket links liegen. Es wird doch wohl möglich sein, in diesem riesigen Park irgendwo seine Ruhe zu haben? Trotzig setzt Franka ihren nächtlichen Spaziergang fort. Immer Richtung Norden, genau wie es Benno gesagt hat.

Franka hofft, im nördlichen Teil des Englischen Gartens endlich die genießerische Stille zu finden, die sie sich so dringend wünscht. Die Baustelle vor ihrem Haus hatte sich zu einer wahren Geräuschhölle entwickelt. Vor allem der Presslufthammer war unerträglich. Man hörte ihn sogar bei geschlossenen Fenstern, und wenn die Arbeiter mit ihren Baggern kamen, vibrierte der Fußboden. Franka war kurz davor gewesen durchzudrehen. Seitdem hatte sie sich in den Kopf gesetzt, irgendwo in München die absolute Stille zu finden.

Doch plötzlich wird es noch einmal richtig laut. Es hört sich so an, als würde Franka sich direkt auf eine rauschende Brandung zubewegen. Kurze Zeit später steht sie auf der Brücke über dem Mittleren Ring. Es sind gar nicht so viele Autos unterwegs, aber sie brettern über den Asphalt und erfüllen die Dunkelheit mit ihrem Tosen und mit rasenden, glühenden Scheinwerfern. Es ist merklich heller hier. Der Mond ist wie ausgeknipst. Franka nutzt das Licht, öffnet ihren Rucksack und trinkt einen Schluck Tee aus der Thermoskanne. Auf die Taschenlampe kann sie bisher gut verzichten.

Nachdem sie die Brücke überquert hat, wird es dunkler, und ihre Pupillen brauchen einen Moment, um sich umzustellen. Nun wird der Englische Garten wilder, die Luft frischer, und Franka taucht in eine geheimnisvolle, schattenhafte Welt ein.

Es könnte wohl sogar leise sein, wenn in diesem Moment nicht ein schrilles Kläffen die herrliche Stille zerreißen würde. Schon saust ein kleiner Vierbeiner an einer ziemlich langen Leine auf sie zu und zerrt sein Herrchen selbstbewusst mit sich.

»Hektor, dass du immer so ein Theater veranstalten musst, wenn jemand kommt.« Der Mann bleibt stehen.

»Entschuldigen Sie bitte. Normalerweise sind wir um diese Zeit hier immer allein unterwegs.«

Franka seufzt. »Das macht doch nichts. Der Englische Garten ist schließlich für alle da«, sagt sie und denkt genau das Gegenteil, nämlich dass es gut wäre, nicht so viele Leute reinzulassen.

»Ich fürchte, Hektor muss noch mal in die Hundeschule.«

»Ja, das kann nie schaden«, findet Franka, doch das Gespräch endet abrupt, denn Hektor hat schon wieder die Führung übernommen und zieht heftig an der Leine. Die beiden verschwinden in der Dunkelheit.

Außer Sichtweite scheint sich das Tier zu beruhigen, denn das Bellen hört auf. Gott sei Dank.

Nach einer Weile, als Franka den Glauben daran fast schon verloren hat, empfängt sie ein seliger Ort. Es ist dunkel, und es ist so ruhig, dass sie ihren eigenen Herzschlag hören kann.

Das Amphitheater in seinem perfekten Halbkreis liegt einsam da. Umgeben von hohen Bäumen und Büschen finden hier an Sommerabenden Theateraufführungen statt. Aber so spät sitzt heute niemand mehr auf den flachen Stufen, und Franka ist froh um die Einsamkeit. An Spieltagen verwandelt sich die Wiese in eine Bühne. Dann kommen die Zuschauer schon am Nachmittag zuhauf mit ihren Decken und Picknickkörben, mit Baguette, Tomaten und Mozzarella, Wein und allem, was sie sonst noch tragen können. In der Dämmerung werden leuchtende, orangefarbene Laternen verteilt, und große, runde Papierballons spenden während der Freilichtvorstellung Licht. Den Schauspielern ist man dann zum Greifen nahe und fühlt sich als Teil des Stücks.

Obwohl niemand mehr hier ist, glaubt Franka den

rauschenden Beifall zu hören und die geschliffenen Stimmen der Akteure, die die Arena erfüllen. Der Boden hat den Applaus aufgesogen, und ein fernes Echo vergangener Emotionen erfüllt die Stille. Konserviertes Glück, denkt Franka, stellt den Rucksack ab und setzt sich ein paar Meter weiter auf die Wiese, die die Wärme des Tages gespeichert hat. Sie legt ihre Handflächen auf das Gras. Endlich, endlich ist es leise! Ihre Freundin Maria würde am Ende doch nicht recht behalten. Sie schließt die Augen.

»Bereit sein ist alles.«

Franka erschrickt so sehr, dass ihr Herzschlag losstürmt, doch bewegen kann sie sich nicht. Wie festgenagelt stiert sie in die Nacht, die plötzlich so finster erscheint, als hätte jemand über alles ein dunkles Tuch geworfen. Es ist dunkler als dunkel, und irgendwo in ihrer Nähe lauert ein Mann, dessen Stimme mit einem Schlag all den Frieden und die Stille zerstört hat.

Jetzt wäre genau der richtige Moment, um Maria anzurufen, aber der Rucksack scheint unerreichbar weit weg und damit auch das Hilfe versprechende Handy. Franka nimmt ihren Mut zusammen.

»Hallo? Wer ist da?«

Keine Antwort. Die Angst kriecht ihr langsam den Rücken hinauf, bis sie endlich im Nacken ankommt. Franka lauscht in die ohrenbetäubende Stille, und plötzlich hört sie allerlei Geräusche: ein Knacksen, Surren, ein Schleifen, Fiepen und ganz sicher auch Schritte, die sich über die Wiese bewegen.

»Hallo? Wo sind Sie?«, ruft sie und merkt, dass die Angst sich einen Weg in ihre Stimme gebahnt hat. Sie klingt seltsam fremd. Doch wieder erfolgt keine Reaktion, und mit Entsetzen registriert Franka, dass sie sich immer noch nicht rühren kann. Panik ballt sich in ihrem

Herzen zusammen und beeinflusst jede noch so kleine Wahrnehmung. Die Gedanken in ihrem Kopf toben in einem wilden Sturm durcheinander.

Wer um alles in der Welt treibt sich nachts hier herum? Und warum zeigt er sich nicht?

»Hallo! Verdammt noch mal, wo sind Sie!«

Keine Antwort. Leise Schritte.

Ein seltsames Geräusch erklingt. Eins, das überhaupt nicht in diese Umgebung passt. Metallisch. Kurz.

Franka duckt sich, kneift die Augen zusammen. Krampfhaft versucht sie, sich vorzubereiten. Auf einen Schlag, einen Angriff …

Grelles Licht, das durch ihre geschlossenen Lider dringt.

»Sein oder Nichtsein, das ist hier die Frage.«

Franka reißt ihre Augen auf. Ihr bietet sich ein erstaunliches Bild: Die Mitte des Amphitheaters wird von einem Scheinwerfer angestrahlt, und im Lichtkegel steht ein großer Mann. Er trägt ein Kostüm mit einem ockerfarbenen, samtenen Hut, darauf eine rote Feder. Er steht da wie ein historisches Standbild und lächelt ihr entgegen. Franka ist sich nicht sicher, ob sie es hier mit einem Verrückten zu tun hat. Doch, das muss ein Verrückter sein! Wer sonst würde hier mitten in der Nacht eine Bühne aufbauen und in voller Montur auftreten? Gefährlich sieht der Mann aber eigentlich nicht aus.

»Man sieht es einem Verbrecher nicht an, dass er einer ist«, würde Maria jetzt vermutlich sagen. Vielleicht hätte Franka auf ihre Freundin hören sollen. Doch dann reißt sie sich zusammen. Noch ist ja nichts passiert. Frankas Verstand setzt wieder ein, und ihr Herz beruhigt sich. Wenn er mich angreifen wollte, hätte er es doch längst getan.

Der Mann nimmt den Hut vom Kopf, verbeugt sich

tief. Bei so viel Anstand wird Franka mutig: »Was machen Sie hier mitten in der Nacht? Sind Sie verrückt?«

Mit einer weiten Bewegung breitet er die Arme aus. »Ich mag diesen Ort und könnte gerne meine Zeit damit verschwenden.« Noch ein Shakespeare-Zitat, schießt es Franka durch den Kopf. Ein durchgeknallter Theaterschauspieler also.

Er stemmt die Hände in die Hüfte und nickt ihr zu, so als wolle er sagen: »Sprich nur, ich werde dir Antwort geben.«

Und Franka lässt sich auf das Spielchen ein, denn eins ist ihr klar geworden: Meister Shakespeare mag merkwürdig sein, gefährlich ist er aber wohl nicht. Nun wesentlich entspannter lehnt sie sich zurück und ruft nach einigem Nachdenken: »Holder Herr, was tust du hier in tiefer Nacht? Ist das normal?«

Seine Antwort folgt in bewährter Manier: »Es gibt mehr Dinge im Himmel und auf Erden, als eure Schulweisheit sich träumt.«

Das ist bestimmt einer der Schauspieler des Sommertheaters, vermutet Franka. Sie selbst hat einige Jahre im Schultheater mitgewirkt und liebte damals vor allem die Improvisation. Oberstes Gebot: auf eine Situation einlassen und sich dem Gegenüber anpassen.

»Du hast wohl recht, edler Mann. Doch der Schrecken hatte mich in seiner Hand, als ich dich sah, nachts in deinem Gewand.«

Jetzt tritt Meister Shakespeare ein paar Schritte in ihre Richtung, legt die Hände wie einen Trichter an seinen Mund und ruft: »Im Schwachen wirkt die Einbildung am stärksten.«

Franka lacht, und genau in dieser Sekunde wird ihr bewusst, in welch irrwitziger Situation sie sich befindet: Sie sitzt mitten in der Nacht im Amphitheater des Englischen Gartens, von Finsternis umgeben, und unterhält sich mit einem höchst wundersamen Menschen in Verkleidung, der nur in Zitaten spricht. Wenn sie das später Maria erzählt …

»Wer auf der Welt lehrt dich, die Schönheit sehn, wenn nicht das Auge einer Frau?«, deklamiert der Mann auf seiner Bühne und fordert erneut Frankas Aufmerksamkeit.

»Es ist spät«, stellt diese fest und merkt zum ersten Mal in dieser Nacht, dass sie müde wird.

»Willst du schon gehen? Der Tag ist ja noch fern«, antwortet er.

»Ich glaube, mein Bett ruft.« Das klang ein bisschen spröde, aber Franka war nichts Besseres eingefallen.

Ihr Gesprächspartner kontert mit einem weiteren Zitat. »Ja, mich dünkt, ich wittre Morgenluft.« Damit wendet er sich ab und schreitet auf den Rand des Lichtkegels zu.

Das Spiel ist aus. Doch ohne Abschied will Franka ihn nicht gehen lassen. »Ich danke dir, du edler Herr«, ruft sie ihm nach.

Theatralisch und mit wehendem Umhang dreht er sich noch mal um. »Die ganze Welt ist eine Bühne und alle Frauen und Männer bloße Spieler, sie treten auf und gehen wieder ab.« Mit diesen Worten wendet er sich ab und verschmilzt mit dem Schatten. Kurz darauf hört Franka wieder dieses seltsame Geräusch, vermutlich den Schalter der Lampe. Dann ist es dunkel, sehr, sehr dunkel. Die Luft knistert da, wo gerade noch Licht war.

Franka verharrt und lauscht, wie Meister Shakespeare offenbar die Lampe abbaut und verschwindet. Um seinen Abgang nicht zu stören, bleibt sie eine Weile sitzen, wie nach einem guten Konzert. Das Nachgefühl genießen.

Schließlich steht sie auf, holt ihren Rucksack und schlendert durch die Nacht, die jetzt nicht mehr furchteinflößend ist. Franka fühlt sich gut aufgehoben und von der samtenen Dunkelheit umarmt, sogar beschützt. Sie hört den Wind in den Baumwipfeln, kleine Tiere, die durch das Gestrüpp huschen, Grillen zirpen.

Sie ist allein.

Es ist leise.

Einsam.

Franka atmet tief ein.

Glück.

Es blökt.

Ganz in der Nähe.

WLADIMIR KAMINER

Pinguine an der Ostsee

Mein Freund Peter, ein fröhlicher Kerl aus dem Süden Deutschlands, der gern lustige Geschichten erzählt, war durch eine Verkettung glücklicher Umstände Hoteldirektor an der Ostsee geworden. Sein Arbeitsplatz war eine ehemalige DDR-Anlage, die noch im Auftrag der sozialistischen Regierung gebaut worden war, damit die eingemauerten Arbeiter sich keine Gedanken darüber machen mussten, wo sie ihren nächsten Urlaub verbringen sollten. Der deutsch-demokratische Staat hatte den Anspruch, die Freizeit seiner Bürger ebenso wie ihren Alltag zu regeln. Wahrscheinlich aus diesem Grund marschierten die Bürger wenig später durch die Straßen und hielten Plakate mit dem Spruch »Visafrei bis Hawaii« in die Höhe. Die Ferienanlage, die Peter leitete, hatte diesen alten sozialistischen Charme. Sie sah medizinisch-bedrohlich aus, ein Betonmonument aus vergangener Zeit, eine Mischung aus Bürohaus und Poliklinik direkt am Strand.

Die Insel Rügen war das Hawaii des Ostens. Jedes Jahr erzählte Peter, wie kompliziert der Ostseetourismus war. Die Grimmigkeit der Mitarbeiter war eines der Probleme. Wie die Russen konnten auch seine Angestellten bei der Arbeit irgendwie nicht wirklich lächeln. Außerdem wusste man an der Ostsee nie, wann die Sonne scheinen würde. In den letzten Jahren war das Meer im Winter sogar stellenweise zugefroren. Das Eis wurde so fest, dass man womöglich bis Schweden laufen konnte.

Peter fuhr für seine Arbeit regelmäßig zu Hotelmessen und Kongressen. Bei einem solchen Treffen sagte der Vortragende, laut einer Statistik, erstellt von einem namhaften Forschungsinstitut, belege Rügen den letzten Platz auf der sogenannten Freundlichkeitsskala. Das sei doch empirisch gar nicht zu belegen, regte sich Peter von seinem Platz aus auf. »Doch, doch, das ist empirisch abgesichert«, behauptete der Referent.

Peter hatte keine Argumente gegen diese Statistik. Die Wahrheit ist aber oft mit keiner Statistik zu erfassen, so wie in diesem Fall. Denn manchmal sitzt die Freundlichkeit so tief in einem Menschen, dass die oberflächlichen Soziologen sie einfach übersehen. Sie ist aber da, hält sich nur etwas versteckt. In Wirklichkeit sind die Rügener warme, herzensgute Menschen. Sie zeigen es Fremden bloß ungern, um nicht als Angeber dazustehen. Manchmal wirken sie etwas wortkarg, sie sind keine Plaudertaschen, können aber mit wenigen Worten sehr viel sagen und haben eine ausdrucksvolle Mimik, wenn sie schweigen. Die meisten Menschen auf der Insel neigen überdies zur Nachdenklichkeit. Sie sind vom Meer gebannt, das sie stets vor Augen haben. Es ist längst bekannt, dass man leicht hypnotisiert wird und innerlich erstarrt, wenn man zu lange aufs Wasser schaut, auf die in den Wellen schaukelnden Möwen, auf Ebbe und Flut. Die Westtouristen wissen das nicht und beschweren sich regelmäßig beim Hoteldirektor.

»Nein, nein«, erklärte ihnen Peter dann fröhlich, »der Beachboy am Strand ist nicht traurig. Er hat nur eine Gesichtslähmung, die noch aus DDR-Zeiten stammt, deswegen kann er nicht lächeln. Nein, der Kellner meinte es nicht böse, als er ›Nehmt den Aal‹ zischte. Das war die heutige Empfehlung des Kochs.«

Es ist nicht leicht, ein Hotel an der Ostsee zu leiten. Im Sommer kommen zahllose Touristen, denn die Ostsee ist ein ganz besonderes Meer, jeder Tag hier ist einmalig. Im Winter ist dagegen tote Hose. Zu Silvester ist das Hotel noch einmal gut belegt, und auch vorher, zu Weihnachten, kommen große Familien, die keine Lust haben, zu Hause zu kochen. Was dem Hotel davor und danach hilft, über die Runden zu kommen, sind die Hochzeiten. 75 Hochzeiten pro Jahr werden hier gefeiert, denn nichts ist romantischer als eine Trauung am Strand. Die Musikgruppe spielt, das Standesamt stellt ein Zelt am Meer auf, es gibt Lagerfeuer, Tanz und Party.

Peter versuchte, es jedem Hochzeitspaar recht zu machen, obwohl viele Gäste verrückte Wünsche hatten. Einmal heiratete ein Finanzberater seine Lebensgefährtin, mit der er seit dreißig Jahren zusammengelebt hatte. Es sollte ein ganz besonderer Hochzeitstag werden. Schon Monate im Voraus stand der Ablauf fest: Zum Auftakt war ein großes Konzert geplant, bei dem die Natürlichen Sieben a cappella singen sollten, eine romantische Männergruppe, die das Paar einmal in Atlanta gesehen hatte. Als Nächstes wollte der Finanzberater selbst auftreten und verkünden, er habe dieser Frau vieles zu sagen, aber er sei ein Mann der Zahlen, nicht der Worte, ihm würden deswegen die richtigen fehlen. Deswegen habe er jemanden mitgebracht, der immer die richtigen Worte finde. Daraufhin käme Bruce Springsteen auf die Bühne. »Meine Frau mag ihn sehr«, erklärte der Finanzberater.

»Ein schickes Programm«, nickte der Hoteldirektor dazu.

»Aber noch mehr als Bruce Springsteen mag meine

Frau Pinguine«, sagte der Bräutigam, ohne zu zwinkern. »Deswegen dachte ich, vielleicht können Sie uns helfen, dass nach dem Auftritt von Bruce Springsteen ein Pinguin aus dem Meer kommt und unsere Eheringe im Schnabel hält. Wäre das möglich? Können Sie uns einen Pinguin besorgen? Geld spielt keine Rolle. Nennen Sie mir irgendeinen Betrag. Ich habe schon so viel für Bruce Springsteen bezahlt, da werde ich mir doch für den Rest einen Pinguin kaufen können.«

»Ich kann Ihnen einen Eisbären empfehlen«, sagte Peter. »Der ist ebenfalls lustig und romantisch, und wir haben da ein ganz tolles Kostüm.« Er dachte dabei mit Schadenfreude an den alten Stasi-Beachboy, dessen Aufgabe es wäre, im Fall der Fälle in ein Eisbärenkostüm zu schlüpfen und ins Wasser zu springen.

»Meine zukünftige Frau mag nur Pinguine, keine Bären«, sagte der Finanzberater. »Echte Pinguine, keine kostümierten Menschen. An diesem Tag muss alles echt sein, das habe ich ihr versprochen. Es muss doch welche geben. Was meinen Sie, können Sie mit ihnen reden?«

Peter nickte automatisch und erwiderte erst einmal gar nichts. Es war ihm auch nicht ganz klar, mit wem er reden sollte – mit Pinguinen? Und worüber? Ob sie bereit wären, für den Finanzberater Eheringe aus dem Meer zu tragen? Selbst wenn sie ihm antworten würden, könnte er sie nicht verstehen. Es wäre auch total unglaubwürdig, wenn ein Pinguin aus der Ostsee käme. Dort hat es nie Pinguine gegeben.

»Mal sehen, was wir tun können. Es wird uns schon eine Lösung einfallen.« Peter blickte optimistisch in die dunklen Augen des Finanzberaters.

Am nächsten, übernächsten und überübernächsten Tag dachte Peter viel über Pinguine nach. Er fuhr nach Stralsund zum Ozeaneum, wo sie eine Menge Pinguine hatten, und fragte den Direktor, ob es theoretisch möglich wäre, dass ein Pinguin Eheringe überreichte.

»Klar ist das theoretisch möglich«, sagte der Aquariumsdirektor, »wenn das Ehepaar zu uns kommt und wir ein paar Jahre Zeit für die Dressur haben. Aber ich kann Ihnen keinen Pinguin mitgeben. Was ist, wenn der Vogel einfach verschwindet? Die Ostsee friert mittlerweile zu, eine neue Entwicklung, Sie wissen Bescheid. Wer kann uns garantieren, dass sich der Pinguin mit den Eheringen nicht nach Schweden absetzt? Das wird er sogar ganz sicher machen, ich würde es an seiner Stelle ja auch tun«, sagte der Aquariumsdirektor.

Jeden Tag meldete sich der Bräutigam, um nachzufragen, wie weit der Direktor inzwischen mit Pinguinen vorangekommen sei. »Wir sind im Gespräch«, antwortete Peter nur.

Die Vorbereitungen waren mittlerweile fast abgeschlossen, alles klappte wie am Schnürchen. Die Natürlichen Sieben waren gut in Rostock angekommen, Bruce Springsteen hatte zugesagt, die Pyrotechnik war bestellt, nur der Pinguin fehlte noch. Der Direktor hatte sogar einen Albtraum, in dem sich der Bräutigam tanzend zu Bruce Springsteens Musik in einen Pinguin verwandelte.

In der Nacht vor der Hochzeit wurden die letzten Aufräumarbeiten erledigt, das Standesamtzelt wurde aufgebaut und das Feuerwerk angelegt. Alle Mitarbeiter gingen nach Hause, nur der Direktor lief noch am Strand entlang. Das Wasser war bereits von einer Eiskruste überzogen, vom Ufer aus konnte man allerdings nicht abschätzen, wie dick sie war. Der Direktor wagte sich darauf. »Glattes Eis, ein Paradeis, für den, der gut zu tanzen weiß«, wiederholte er Nietzsches berühmtes Gedicht, das dieser angeblich in der Badewanne verfasst hatte. »Glattes Eis, ein Paradeis …« Der Direktor entfernte sich immer weiter vom Ufer. In seinem schwarzen Anzug mit Krawatte und Lackschuhen glitt er vorsichtig übers Eis. Zuerst nur, um festzustellen, ob es überhaupt hielt. Dann immer schneller, immer weiter Richtung Horizont.

Ich habe schon lange nichts mehr von ihm gehört. Vielleicht leitet er jetzt ein Hotel in Schweden.

SABRINA NAU

Ein Sommer mit Esel

»Sie wandern mit einem Esel?«, fragte die Deutsche, die ihr gegenübersaß.

»Ja, natürlich«, sagte Natalie. »Wie wir alle hier, nicht wahr?«

Die Frau lachte, sah zu ihrem Mann, der etwas auf Französisch in die Runde nuschelte, wovon Natalie nur »âne«, Esel, mitbekam. Sie spürte, wie plötzlich alle Gäste in der kleinen südfranzösischen Herberge sie interessiert und amüsiert anschauten. ›Wandert denn keiner hier mit einem Esel?‹, dachte Natalie. Offenbar hatte sie laut gedacht, denn die Deutsche übersetzte ihre Frage ins Französische, und es brach allgemeine Heiterkeit aus.

»*Non, non*«, sagte ein braungebrannter Mittvierziger in kariertem Wanderhemd, nippte an seinem Rotwein und wischte sich eine Lachträne aus dem Auge. »*Nous ne sommes pas malades, n'est-ce pas?*«

»Wir sind ja nicht verrückt«, übersetzte die Deutsche und zwinkerte ihr zu.

»Danke sehr, aber Sie brauchen nicht zu übersetzen«, sagte Natalie auf Französisch, etwas schroffer als gewollt. Vom Wandern mochte sie keine Ahnung haben, aber ihr Französisch war so gut, wie es nur sein konnte, schließlich war sie mit einem Franzosen verheiratet gewesen. Sie atmete einmal tief durch, sollten sie doch ihren Spaß haben. Dann griff sie ebenfalls zu ihrem Glas und nahm einen großen Schluck.

Der Mann neben ihr stellte sich als Gerome vor und reichte ihr die Käseplatte. Er war in ihrem Alter und ebenfalls allein. »Die meisten hier gehen den Stevenson-Weg. Sie auch?«

Sie nickte, erleichtert, in den Augen eines anderen Cevennen-Wanderers mal etwas richtig zu machen.

»Und Sie gehen ihn solo?«

Natalie schnitt sich ein Stück vom Roquefort ab und nahm noch eine Scheibe Brot dazu. »Nein, wie gesagt, ich wandere mit einem Esel.«

Die anderen lachten wieder. »Ja«, sagte die Frau neben dem Mann im karierten Wanderhemd, »ich auch«, und stieß ihn mit dem Ellenbogen in die Seite.

»Aber im Ernst«, sagte ihr Nachbar, während er sich selbst vom Käse bediente, »Ihr Esel versteht sich nicht besonders gut auf Erste Hilfe, und telefonieren kann er auch nicht. Beim Wandern ist es sicherer, wenn man wenigstens zu zweit ist, falls mal etwas passiert. Ein verstauchter Knöchel, eine falsche Abzweigung ...«

»Im Reiseführer stand, dass die Wege bestens ausgeschildert sind.«

»Ja, so heißt es. Stimmt aber nicht immer. Die meisten Touristen unterschätzen das Gebiet. Es ist riesig, man geht oft Stunden, bis man wieder auf Menschen trifft.«

Die Herbergswirtin brachte eine neue Karaffe Wein: »Was soll denn das, Gerome? Willst du Madame Berger etwa Angst machen?«

»Was der junge Mann damit sagen will«, mischte sich die Deutsche gegenüber am Tisch wieder ein, »ohne Esel ist es leichter.«

»Wieso leichter?«, fragte Natalie. »Der Esel trägt immerhin das Gepäck. Man kommt doch viel besser voran, wenn man so leicht und unbeschwert wandert, oder nicht?«

Der Mittvierziger im Wanderhemd prostete ihr zu. »So sei es. Ihr Wort in Esels Ohr.« Die anderen lachten wieder. Na prima, dachte Natalie. Lauter Fachleute. Und alle würden sie hier schlafen und morgen früh von hier aus weiterwandern. Sie konnte sich schon aufs Frühstück freuen, da würde es sicher noch mehr gute Ratschläge und Witzchen hageln.

Die Wirtin legte ihr eine Hand auf die Schulter: »Die sind nur neidisch«, raunte sie ihr zu. »Sie haben sich richtig entschieden, und lassen Sie sich nicht Bange machen. Was der tuberkulosekranke Stevenson vor über hundert Jahren geschafft hat, das bewältigt so eine sportliche junge Frau wie Sie spielend. Morgen früh gehen wir auf die Weide und suchen Ihren Esel aus. Sie haben überhaupt Glück, dass Sie so kurzfristig noch einen Wandergefährten bekommen konnten, die meisten sind schon unterwegs. Aber Sie haben noch die Wahl zwischen Pistou und Salomé.«

»Nehmen Sie Pistou«, warf der Typ neben ihr ein. »Der ist menschenfreundlich und niedlich, sieht aus wie ein Zottelbär, läuft brav, genau richtig für eine Anfängerin.«

»Alle beide sind liebe und sehr erfahrene Wanderesel«, korrigierte die Wirtin ein bisschen ungehalten. Sie stemmte die Hände in die Hüften und wandte sich an ihren Nachbarn. »Und hörst du bitte auf, dich einzumischen, Gerome?« Dann beugte sie sich wieder zu Natalie, lächelte ihr ermutigend zu. »Die anderen Eselwanderer kommen morgen Abend an und wandern übermorgen los. Da Sie schon morgen starten, können Sie frei wählen.«

Die anderen sagten nichts, aber Natalie bemerkte, wie ein grauhaariges Ehepaar, das neben der Deutschen saß, amüsierte Blicke austauschte.

»Aber es ist schon so, dass Esel Herdentiere sind.« Dieser Gerome ließ nicht locker. »Je mehr Leute gemeinsam wandern, desto wohler fühlt sich der Esel. Am besten läuft er, wenn es eine ganze Gruppe von Wanderern und Eseln ist. Man sollte aber wirklich mindestens zu zweit sein. Wenn der Esel stehenbleibt, kann der eine ziehen, der andere schieben.«

Natalie wartete vergeblich darauf, dass die Gäste über den Scherz lachten – doch es war offensichtlich keiner gewesen. So langsam kam sie ins Grübeln. Vielleicht war es doch nicht so leicht, mit einem Esel durch die Cevennen zu ziehen? Vielleicht war etwas dran an dem Vorurteil des »sturen Esels«, und sie würde ihr blaues Wunder erleben, wenn sie sich allein mit dem Esel auf den Weg machte?

»Sie könnten sich jemandem anschließen«, schlug Gerome jetzt vor und deutete mit einem selbstbewussten Lächeln auf sich selbst. Seine Zähne leuchteten im tief gebräunten Gesicht mit Dreitagebart, die schwarzen, lockigen Haare wirkten komplett ungekämmt, aber es war alles so, wie es sein sollte. Ja, er sah unverschämt gut aus, ein bisschen wie Che Guevara, auf die bezwingendste Art und Weise, die es gab: Er wusste es, aber es war ihm egal.

Das hatte ihr gerade noch gefehlt. Natalie griff wieder zum Glas und nahm zwei große Schlucke. Es passierte schon wieder, wie schon so oft seit Pascals Tod. Immer wieder Männer, die helfen wollten. Was stimmte denn nicht mit ihr, strahlte sie so viel Unsicherheit aus? Der Wein stieg ihr zu Kopf, und plötzlich hatte sie das Bedürfnis richtigzustellen, dass sie keinen Babysitter brauchte. »Es ist ja auch nicht so, dass ich ganz allein gehe.« Sie straffte die Schultern, schaute in die Runde. »Wir sind durchaus eine Gruppe. Meine Tochter und meine Schwiegermutter gehen denselben Weg, nur sind die beiden mir eine Tagesetappe voraus.«

»Aber …«, Gerome, der Che-Guevara-Typ, sah sie fragend an. Natalie bemerkte, dass sein Blick auf ihre Hand wanderte, auf den Ehering, den sie noch immer trug. »Warum gehen Sie überhaupt getrennt? Und nicht gleich zusammen?«

Die Deutsche nickte lächelnd. »Der junge Mann hat schon Recht. Nicht nur Esel sind Herdentiere …«

Natalie wurde es heiß. Sie griff wieder zum Glas, merkte, dass es bereits leer war, und stellte es wieder ab. Alle Augen richteten sich auf sie, alle am Tisch warteten neugierig auf die Erklärung. »Wir machen eine Art Safari«, log sie.

Sie starrte auf ihre Hände, drehte an ihrem Ehering und fühlte, dass Che Guevara ihr dabei zusah. Der Weinbauch durchbrach schließlich das Schweigen mit einem kleinen Rülpser. Er entschuldigte sich und fragte mit einem unschuldigen Lächeln, während er wieder zur Flasche griff:

»Eine Safari, so, so, sieh an, in den Cevennen … welches Großwild jagen Sie denn, Madame? Ihre Schwiegermutter?« Er lachte wiehernd über seinen eigenen Scherz und steckte die anderen damit an. Nur ihr Nachbar schüttelte leicht den Kopf.

Natalie warf ihm einen dankbaren Blick zu und zwang sich, ruhig zu bleiben. Gut, sie war hier der Neuling, die Anfängerin, aber jetzt reichte es auch mal. Langsam hob sie den Kopf und straffte ihre Schultern und sah gelangweilt durch den Witzbold hindurch, der sich mit seiner Serviette die Lachtränen aus den Augenwinkeln tupfte.

»Wenn Sie so wollen, Monsieur, durchaus.« Sie legte so viel Selbstbewusstsein wie möglich in ihre Stimme.

»Safari ist vielleicht das falsche Wort. Es ist eher ein sportlicher Wettbewerb, eine Rallye.«

Die Deutsche beugte sich über den Tisch zu ihr. »Wissen Ihre Schwiegermutter und Ihre Tochter eigentlich, dass Sie ihnen folgen?«, fragte sie auf Deutsch und zwinkerte ihr zu. Natalie merkte, wie ihr das Blut ins Gesicht schoss. Hastig zog sie ihr Handy aus der Tasche, täuschte vor, eine Nachricht bekommen zu haben, murmelte eine Entschuldigung und erhob sich. Im Hinausgehen hörte sie noch, wie die Deutsche ihrem Mann »Helikoptermutter« zuraunte.

Früh am Montagmorgen folgte Natalie mit leichten Kopfschmerzen der Herbergswirtin Céline zur Eselweide. Obwohl die Sonne gerade erst aufgegangen war, schnarrten die Zikaden schon in den Bäumen, die ersten Mücken griffen an. Es würde heiß werden. Natalie merkte, dass ihre Knie weich waren. Jetzt wurde es ernst. Von Weitem schon sah sie ein Paar langer, spitzer Ohren, dann das zweite, ebenfalls erwartungsvoll nach vorn gerichtet. Natalie blieb stehen, um das Bild, das sich ihr bot, aufzunehmen – und Mut zu sammeln. Diese Esel waren groß. Viel größer, als sie erwartet hatte. Würde sie es schaffen, sich bei einem dieser Esel durchzusetzen? Oder würde der Esel eher mit ihr wandern, sie durch die Gegend zerren, wie er wollte?

Céline bemerkte Natalies Zögern und winkte sie herbei. »Komm nur, die beißen nicht!«

Natalie erschrak. Beißen? Daran hatte sie noch gar nicht gedacht. Sie musste an das alte Sprichwort über Pferde denken: Vorne beißen sie, hinten treten sie, und in der Mitte sind sie glatt.

»Wie ist es mit Austreten?«, fragte sie, während sie zögernd ein paar Schritte auf die beiden Esel zu machte. Schön sahen sie aus, wie riesige Plüsch-Esel, der eine beige, der andere schokoladenbraun, mit großen, schwarzen Augen, umkränzt von hellem Fell. Die noch immer neugierig nach vorn gerichteten Ohren waren entzückend: flauschig und richtig hübsch. Natalie streckte die Hand aus und strich dem beigebraunen Esel vorsichtig über die Stirn.

»Das ist Salomé«, sagte Céline. »Sie mag nicht jeden, aber wenn sie dich ins Herz schließt, dann ist sie ein echter Kumpel. Sie ist freundlich und kooperativ, aber du musst ihr schon auch zeigen, wo es langgeht«, erklärte sie. »Das ist bei allen Eseln so. Sie müssen das Gefühl haben, dass sie dir vertrauen und sich auf dich verlassen können. Und sie dürfen nicht den Eindruck bekommen, dass sie mit dir machen können, was sie wollen.«

»Sonst passiert was?«, fragte Natalie.

Céline zuckte mit den Schultern und zog lächelnd die Augenbrauen hoch. »Dann ist Salomé die Bestimmerin.«

»Wäre das so schlimm?«

Céline kratzte Salomé die Hufe auf ihrer Seite aus. »Na ja, was heißt schlimm? Es ist einfach nicht ideal, wenn man ein Tagespensum hat und abends die Gîte erreichen will. Salomé übernachtet sowieso im Freien, ihr macht das nichts aus. Dir wäre aber sicher ein Bett am Abend lieber, oder?« Sie überreichte Natalie den Hufkratzer. »Und noch ein Tipp: Lass sie, gerade am Anfang, zwischendurch nicht zu viel fressen. Wenn es bergab geht und sie zu schnell wird und droht, dich über den Haufen zu rennen, nimm den Führstrick und lass ihn kreisen, als wolltest du ein Lasso werfen, vor ihrem Kopf, dann wird sie erschrecken und zurückweichen.«

»Und wenn sie stehen bleibt?«

Céline zuckte die Schultern. »Das ist normal. Irgendwann ist sie bereit für den nächsten Schritt, und es geht weiter. Klopf ihr sanft aufs Hinterteil, oder zieh vorne.

Hinten schieben bringt oft mehr als vorne ziehen. Manchmal hilft es auch, wenn man einmal im Kreis geht. Zur Not machst du halt Pause und kochst dir einen Kaffee.«

Natalie schwirrte der Kopf. Auf was hatte sie sich da eingelassen! Das waren ja herrliche Aussichten: vom Esel bergab überrannt zu werden oder warten und Kaffee kochen, weil das Tier noch darüber nachgrübelte, ob es bereit für seinen nächsten Schritt war. Doch dann übergab Céline ihr den Führstrick, und ein kleines Wunder passierte: Salomé spitzte die langen Ohren und setzte sich in Bewegung. Die Eselstute war offensichtlich bereit für eine neue Wanderung. Natalie streichelte ihr im Gehen über den Hals.

Es ging los, es ging tatsächlich los!

ALEX CAPUS

Die Leiche im Keller

I

Erinnert sich jemand an den schönen Herbert? War ein netter Kerl. Sicher doch. Sehr schön, und extrem nett. Sah supergut aus, war Klassensprecher, Kapitän der Fußballmannschaft und Präsident des Schülervereins für Astronomie, der unter dem Dach des Gymnasiums ein kleines Observatorium betrieb. Die ganze Schule mochte ihn – wir Jungs, die Mädchen sowieso, die Lehrer und sogar der Hauswart. Obwohl … mir war er immer ein bisschen suspekt. Musste der unablässig so nett sein und dermaßen schön? Ich stellte mir das sehr anstrengend vor. Wieso nahm er das auf sich? Was steckte dahinter? Hatte er etwas zu verbergen hinter seiner makellosen Fassade? War da ein Hund begraben, dass er so zwanghaft nett sein musste? Wo lag der Hase im Pfeffer? Das Haar in der Suppe?

Es macht sich ja einer grundsätzlich schon mal verdächtig, wenn er schöner ist als die Mädchen. Dem schönen Herbert aber konnte man deswegen keinen Vorwurf machen. Denn man muss zugeben, dass er seinem Äußeren keine Beachtung schenkte. Er kleidete sich so irgendwie, in Jeans und T-Shirt, und sein Haar sah aus, als ob er es selber geschnitten hätte, und zwar im Dunkeln. Dass ihn diese Nachlässigkeit nur umso anziehender machte, konnte man ihm schlecht übel nehmen. Und seine schwarzen Ringellocken hatte er nun mal, ebenso die eisblauen Augen und das unbewusste kleine Lächeln, das stets um seine Lippen spielte. Übrigens war er kein Schürzenjäger. Herbert schien die Blicke nicht zu bemerken, die ihm die Mädchen zuwarfen. Mit seiner allerersten Freundin war er zwei Jahre zusammen gewesen, und nachdem sie ihn verlassen hatte, hielt er freundliche Distanz zum weiblichen Geschlecht.

Er war Klassenbester in, na ja: Mathematik, Physik und Chemie. In den Fächern halt, in denen schlichte Gemüter brillieren können, wenn sie nur fleißig genug sind. Wo man aber wirklich etwas in der Birne haben musste – in Geschichte, Philosophie, den Sprachen, Musik und Kunst –, da war er Durchschnitt. Da hatte er keinen eigenständigen Gedanken, keine Meinung und keinen Geschmack. Manche hielten ihn deswegen für einen flachen, oberflächlichen Charakter. Aber das war nicht wahr. Herbert empfand seine musische Schwäche schmerzlich, und er tat alles, um den Unterschied zu kapieren zwischen Manet und Monet, Dur und Moll, Heinrich und Thomas, Gerundium und Gerundiv. Aber wenn ihm nun mal die hierfür zuständige Hirnanhangdrüse fehlte: Durfte man es ihm verargen?

Misstrauisch werden konnte man immerhin ob seiner Nettigkeit, die zuweilen fantastische Blüten trieb. Beispielsweise hatte er einen mongoloiden Bruder namens Thomas, der ihn jeden Tag bei Schulschluss abholte und unter feuchten Küssen und Umarmungen heimbegleitete. Dass der schöne Herbert sich dessen nicht schämte, ehrte ihn ja – aber musste er so weit gehen, Thomas auch mit auf die Schulreise zu nehmen? Konnte da nicht der Verdacht aufkommen, dass er den Bruder benutzte zur Mehrung seines eigenen Ruhmes?

Ähnlich verhielt es sich mit seiner Hilfsbereitschaft.

Wer immer darum bat, erhielt von ihm ganze Nachmittage lang Nachhilfe. Für die naturwissenschaftlichen Fächer war er der beste Nachhilfelehrer, den man sich wünschen konnte. Wenn Herbert einem etwas erklärte, war plötzlich alles klar und einfach, und zuweilen hielt dieser glückliche Zustand sogar bis zur Prüfung an. Dagegen wäre nicht das Geringste einzuwenden gewesen – wenn er nur Geld angenommen hätte für seine Mühe. Aber nein, der nette Herbert wollte kein Geld, von niemandem. Er war der einzige Klassenbeste am Gymnasium, der sich nicht entlöhnen ließ. Wieso nicht? Aus Edelmut? Aus vornehmer Scham? Oder vielleicht – aus großbürgerlich mildtätiger Noblesse? Lag dort der Hund begraben? War das die Leiche, die Herbert im Keller versteckt hielt? Denn seine Familie war reich; sie wohnte im besten Viertel der Stadt in einer von alten Eichen umgebenen Villa, die Herberts Urgroßvater nach dem Deutsch-Französischen Krieg erbaut hatte.

Aber nein, so war es nicht. Herbert war kein Snob, seine großbürgerliche Herkunft bedeutete ihm nichts. Was also hatte er davon, seine freien Nachmittage zu opfern? Welche niederen Motive trieben ihn zu solcher Selbstlosigkeit? Zog er vielleicht Befriedigung daraus, sich anderen überlegen zu fühlen, indem er sie belehrte? Kompensierte er so seinen musischen Minderwertigkeitskomplex? Die Antwort lautet auch hier: nein. Wer je bei Herbert Nachhilfe genoss, der weiß, dass er keine Hintergedanken hatte. Er half einem, und wenn man alles kapiert hatte, sagte er »alles klar«, stand auf und ging weg.

Es kam jener Donnerstagnachmittag vor Pfingsten, da mich meine Freundin Nina anrief, um mir zu sagen, dass sie nicht mit mir ins Kino gehen könne, weil sie Physik büffeln müsse.

»Physik?«, sagte ich. »Das hat doch Zeit.«

»Ich habe morgen Prüfung. Wenn die nicht gut läuft, bleibe ich sitzen. Dann lassen mich meine Eltern an Pfingsten nicht weg.«

Das war schlecht. Nina und ich hatten ausgemacht, dass wir an Pfingsten zusammen ins Tessin fahren.

»Willst du herkommen? Soll ich dir helfen?«

»Du? In Thermodynamik?«

»Ich könnt's versuchen.«

Nina lachte.

»Weißt du was?«, sagte ich. »Frag doch Herbert!«

»Den schönen Herbert? Den Lackaffen?«

»Der ist kein Lackaffe!«

»Ein Schönling.«

»Herbert ist in Ordnung. Und ein Ass in Physik.«

»Ein Geck ist er, und zwar ein ganz raffinierter. Einer, der auf schlampig macht.«

»Herbert ist in Ordnung. Soll ich ihn für dich anrufen?«

»Lass mal, das mache ich schon selber.«

Abends um halb acht dachte ich mir, dass Herbert und Nina jetzt genug gebüffelt hätten und dass noch Zeit wäre fürs Kino. Als ich bei ihr anrief, nahm ihre Mutter ab. Nina war noch nicht zu Hause.

Ich rief eine Stunde später noch mal an. Nina war nicht zu Hause.

Ich rief um halb zehn noch mal an.

Ich rief um zehn noch mal an.

Ich rief um halb elf noch mal an.

Ich rief um elf noch mal an.

Ich rief um Viertel nach elf noch mal an.

Ich rief um halb zwölf noch mal an.

Ich rief um Viertel vor zwölf noch mal an.

Ich rief um Mitternacht noch mal an.

Um halb eins sagte Ninas Mutter, ich solle jetzt bitte Ruhe geben.

Am nächsten Morgen sah ich sie in der Zehnuhrpause auf dem Schulhof. Sie lehnte am Maschendrahtzaun, der das Basketballfeld von der Straße trennte, und wippte leise vor und zurück. Neben ihr lehnte Herbert und wippte synchron mit. Schau an, der nette Herbert. Da war es endlich, das Haar in der Suppe. Der Hase im Pfeffer. Schweinehund. Und Nina? Ich konnte nicht anders, als die beiden zu betrachten, wie sie so zutraulich beieinander standen, sie blond und er schwarz, sie hübsch und er schön. Ein schönes Paar. Schließlich machte ich auf mich aufmerksam, indem ich mit den Armen fuchtelte wie eine holländische Windmühle. Herbert sah mich als Erster. Er fasste Nina am Ellbogen und deutete zu mir hin, und dann kam sie hergelaufen.

»Wie ist die Prüfung gelaufen?«

»Ganz gut, glaube ich.«

»Gratuliere. Ihr habt ja auch intensiv gebüffelt.«

»Du ...«

»Der Schönling und du.«

»Max ...«

»Der schlampige Geck.«

Ein paar Sekunden lang schusselten wir sprachlos voreinander herum.

»Es tut mir leid, Max. Ich weiß nicht, wie das geschehen konnte ... Ich komme nicht mit ins Tessin.«

»Nein?«

»Nein.« Sie wischte sich ärgerlich eine einzelne Träne weg.

»Du kommst nicht mit ins Tessin?«

»Nein.«

»Nein?«

»Ich fahre mit Herbert weg.«

»Aha.« Mein Kopf fühlte sich an wie Holz. Morsches Holz. »Wohin fahrt ihr?«, fragte ich unnötigerweise – als ob ich das hätte wissen wollen.

»Nach Paris.«

»Paris, grundgütiger Himmel!« Ich lachte böse. »Warum ausgerechnet Paris, unter allen Städten dieser Erde?«

»Bitte, Max.«

»Warum nicht gleich Venedig? Du und der Schönling? Der schlampige Geck? Warum fahrt ihr nicht nach Venedig, wenn ihr schon dabei seid? Lasst euch vom Gondoliere ein Liedlein singen auf dem Canale Grande?«

Nina kniff die Augen zu. Zwei Tränen liefen über ihre Wangen zu den Mundwinkeln hinunter. Mich überkam unbändige Lust, sie weiter zu quälen.

»Wann fahrt ihr?«

»Heute Nachmittag.«

»Wann genau?«

»Gleich nach Schulschluss.«

»Gleich nach Schulschluss! Gleich nach Schulschluss!«, äffte ich sie nach. »Ist das eine präzise Zeitangabe?«

»Fünfzehnuhreinunddreißig. Du blöder Hund. Auf Gleis sieben, wenn du's genau wissen willst.«

»Jawohl, ich will es genau wissen.« Ich lachte meckernd. »Vielleicht komme ich nämlich mit.«

Nina legte mir beschwichtigend die Hand auf den Arm, aber ich schüttelte sie ab.

»Ich glaube, ich begleite euch.«

»Hör doch auf, Max.«

»Aber sicher, ich komme mit. Ach nein, ich schaffe es ja gar nicht auf den Zug! Habe noch Latein bis Viertel nach fünf! Was machen wir denn da? Ich kann euch wohl schlecht bitten, einen späteren Zug zu nehmen …«

»Bitte, Max, lass uns doch …«

»Ich hab's, ich nehme das Motorrad! Fahrt ihr nur mal vor, ich hole euch dann ein und mach euch ausfindig in Paris, keine Sorge. Ich finde euch schon, auf dem Eiffelturm oder dem Montmartre oder im Quartier Latin, wo immer ihr seid. Ich finde euch, verlass dich drauf.«

3

Wer nie in einer lauen Frühlingsnacht auf einem hochtourigen Kleinmotorrad nach Paris gefahren ist, wird vielleicht annehmen, dass so eine Reise eine hinreißend romantische Angelegenheit sei. Dazu nur so viel: Ab achtzig Stundenkilometern ist die Frühlingsnacht nicht mehr lau, sondern eiskalt, und ab hundert Stundenkilometern vibriert eine 125er Yamaha DT Enduro Jahrgang 1977 wie ein Sack tollwütiger Hornissen. Der Fahrer umklammert krampfhaft den summenden Lenker, um nicht vom Fahrtwind weggefegt zu werden; die Vibrationen treiben ihm alles Blut aus den Fingern, die Nerven werden taub, und spätestens auf der Höhe von Straßburg hat sich der letzte Rest an Tastsinn hinter die Handgelenke zurückgezogen. Ähnliches geschieht mit der Sitzpartie, denn der Sattel des Maschinchens ist unglaublich hart, und allerspätestens in Metz hat der Reiter nur noch einen Gedanken: Nicht mehr sitzen müssen! Er wünscht sich, dass er stehend Motorrad fahren könnte oder liegend, er würde auch gerne den Kopfstand versuchen oder sich von unten an die Maschine krallen wie ein Affenbaby an den Bauch der Mutter – wenn er bloß nicht mehr sitzen müsste! Davon, dass der Benzintank einer 125er Yamaha nur acht Liter fasst, will ich schweigen; ebenso vom Umstand, dass auf französischen Autobahnen zuweilen sehr lange keine Tankstelle kommt und dass einem kleinen Motorrad schon mal das Benzin ausgehen kann, und zwar viele Kilometer, bevor die nächste Tankstelle auftaucht.

Bei mir war es irgendwo in der hügeligen Ödnis der Ardennen so weit, nach knapp vier Stunden Fahrt, kurz vor Mitternacht, bei mäßigem Westwind, mondlos klarem Sternenhimmel und äußerst geringem Verkehrsaufkommen. Der monotone Sopran meines Zweitaktmotörchens ging unvermittelt über in eine instabile Altlage und sank dann rapide ab zu einem Besorgnis erregenden Tenor, und als er zu husten und zu stottern begann, zog ich reaktionsschnell die Kupplung, um mit dem verbleibenden Schwung noch möglichst viel Weg hinter mich zu bringen. Der Motor verstummte augenblicklich, und zu hören waren nur noch der Fahrtwind und das Rasseln der Antriebskette. Verzweifelt lehnte ich mich tief über den Lenker, um den Luftwiderstand zu vermindern und im Leerlauf die nahende Hügelkuppe zu erreichen, hinter der hoffentlich silbern blinkend die nächste Tankstelle ... doch da war nichts. Nichts als schwarzer, in zahllosen Kriegen blutgetränkter Ardennenwald. In der folgenden Talsohle rollte die 125er aus. Ich stellte sie auf den Seitenständer und nahm den Helm ab, setzte mich an der Böschung ins Gras und hörte dem Klinkern des erkaltenden Auspuffs zu.

Nun ist es eine Tatsache, dass mit hereinbrechender Dunkelheit die Hilfsbereitschaft unter Reisenden rapide abnimmt und dass ein idealistisch gesinnter junger Mann an der Menschheit verzweifeln kann, wenn Stunde um Stunde hunderte von Scheinwerferpaaren an ihm vorbeisausen, ohne sein Winken und seine Hilferufe im Mindesten zu beachten. Tatsache ist auch, dass der Jubel verfrüht sein kann, wenn endlich ein Wagen rechts blinkt und auf dem Pannenstreifen hält; denn dann kann es leicht sein, dass ein nicht ganz uneigennütziger mittelalterlicher Herr aussteigt, der sich vom blondgelockten Jüngling absonderliche Dienste erwünscht als Gegenleistung für den Schluck Benzin, den er im Reservekanister für Notfälle bereithält. Und da der Jüngling diesen Handel entrüstet ablehnt, wird der Herr seinerseits den Kanister wieder im Kofferraum verstauen und mit blutrot leuchtenden Rücklichtern in die Nacht entschwinden. Tatsache ist weiter, dass in Lebenslagen wie dieser das nächste Dorf immer weitab querfeldein liegt; dass es dort mit aller Garantie ziemlich viele bellende Hunde, höchstwahrscheinlich aber keine Tankstelle gibt, und wenn, dann nur eine seit Jahren stillgelegte; dass aber in der Regel irgendwo an einer bröckeligen Bruchsteinmauer ein unschuldiges Mofa steht, dem man mangels geeigneten Werkzeugs mit brachialer Gewalt und dem Mut der Verzweiflung den Tank abreißen kann, der sich daraufhin aber leider als leer erweist … All das sind Tatsachen.

Wahr ist auch, dass mich der Morgen im Gras schlafend fand, dreihundert Kilometer vor Paris am Rand der Autobahn, erschöpft von allen vergeblichen Versuchen der Benzinbeschaffung. Die Oberfläche meiner Person war gleichmäßig besiedelt von achtundvierzig kleinen, schwarzen Schnecken, die weiße Schleimspuren hinterlassen hatten auf meinen Stiefeln und meiner Hose, auf der Lederjacke und auf meinem Gesicht. Ich wachte auf, weil eine Schnecke mir über die Unterlippe kroch. Ich pflückte sie ab, und dann sah ich, dass auch das Motorrad über und über mit Schnecken bedeckt war. Ich hatte Hunger und Durst, und im Schlaf war mir die kalte Feuchtigkeit der Erde in die Knochen gekrochen. Ich musste weg hier. Ohne Benzin ging das nicht. Da fiel mir ein, dass es in dieser Lage hilfreich sein kann, die Maschine erst auf die rechte Seite zu kippen und dann auf die linke, damit allenfalls vorhandene Reste an Kraftstoff im Tank zusammenfließen und ihren Weg in den Vergaser finden. Auf diese Weise gelangen häufig mehrere Deziliter zur Verbrennung in den Zylinder, was ausreichen kann für bis zu drei Kilometer Fahrt, und dann kann es gut sein, dass die rettende Leuchtreklame einer großen Erdölfirma am Horizont auftaucht.

Ich stand also auf, streckte die klammen Glieder, ging zu der 125er und nahm sie zwischen die Beine. Ich kippte die Maschine auf die rechte Seite und horchte – da, dieses Glucksen: War das nicht ein Deziliterchen Benzin? Dann ein Schwenker auf die linke Seite – noch ein Deziliterchen? Jetzt wollte ich es genau wissen. Ich schraubte den Tankdeckel auf, stierte hinein ins Dunkel, und weil ich nichts erkennen konnte, riss ich in meiner Unschuld ein Streichholz an, um hineinzuleuchten ins schwarze Loch.

Als die Kunststoffteile und die Reifen geschmolzen und zu Boden getröpfelt waren und da nichts mehr stand als ein rauchendes schwarzes Gerippe, stocherte ich mit einem Ast zwischen Tachometer und Tourenzähler den schwarz verkokelten Zündschlüssel heraus, ließ ihn im feuchten Gras auskühlen und hängte ihn mir als Andenken an den Gürtel. In den Umrissen noch deutlich erkennbar waren auf dem Gepäckträger die rauchenden Überreste meiner Reisetasche. Ich vergewisserte mich, dass sie nichts Brauchbares mehr enthielt, dann überquerte ich die Fahrbahn und machte mich auf den langen Marsch ostwärts, der Heimat entgegen. Nach vielen Kilometern gelangte ich zu einer Raststätte, an der es eine Reihe von vier öffentlichen Fernsprechzellen gab. Bei der ersten fehlte der Hörer. Die zweite hatte verschiedentlich als Abort gedient. In der dritten musste kürzlich ein Brand gewütet haben. Die vierte war so weit in Ordnung, außer dass der Hörer nach Knoblauch roch. Ich kramte in meinen Taschen nach Kleingeld und überlegte, wen ich anrufen sollte. Es fiel mir niemand ein.

4

Genug davon. Ein paar Minuten später nahm mich der Fahrer eines Milchtransporters mit. Am Abend war ich wieder zu Hause, rechtzeitig zum Abendessen. Mama hatte Rindsbraten und Bratkartoffeln gekocht. Sie fragte nicht, wo ich die Nacht verbracht hätte, wunderte sich aber über meine versengten Augenbrauen. Ich log etwas von einem Lagerfeuer und einem unerwarteten Windstoß.

An der Schule nahmen wir den Alltag wieder auf, als ob nichts geschehen wäre. Ich bemühte mich, keinen Skandal zu machen, was mir auch einigermaßen gelang; und als ich im folgenden Herbst Schwierigkeiten hatte in organischer Chemie, überwand ich mich und bat Herbert um Hilfe. Denn schließlich: Was hatte er schon Schlimmes getan? Meine Freundin in eine Falle gelockt und geschändet? Gewaltsam nach Paris verschleppt und an die Russenmafia verkauft? Sie einmal aufs Kreuz gelegt und dann fallen gelassen? Wissentlich mit einer Krankheit angesteckt? Nichts von alldem.

Nina und Herbert waren ein schönes Paar. Ein Traumpaar. Ein allzu schönes Paar, wie man vielleicht hätte argwöhnen können. Denn sind schöne Menschen nicht stets Versuchungen ausgesetzt? Können sie treu sein, wenn sie doch ständig umgarnt und umworben werden? Die Wahrheit ist: Nina und Herbert konnten es. Sie blieben unempfindlich gegen alle Verlockungen, und sie blieben einander auch dann treu, als er zwei Jahre vor ihr die Matura machte und nach Berlin zog, um Volkswirtschaft zu studieren. Kaum hatte auch sie das Gymnasium abgeschlossen, folgte sie ihm an die Fakultät und in die helle Dreizimmerwohnung mit hohen, stuckverzierten Decken, die er unterdessen gefunden hatte. Sie waren fleißige Studenten und machten ihre Abschlüsse in Rekordzeit, vergaßen daneben aber nicht, die Annehmlichkeiten der großen Stadt zu genießen. Das verflixte siebente Jahr kam und ging, ohne ihrer tiefen, ruhigen Zuneigung Schaden zuzufügen. Im achten Jahr heirateten sie. Ihren Erstgeborenen tauften sie auf den Namen Thomas, zu Ehren von Herberts mongoloidem Bruder. Das Mädchen hieß Olivia, wie die Oma mütterlicherseits. Nach der Wende 1989 kauften sie eine heruntergekommene Jugendstilvilla im Osten der Stadt, stellten sie eigenhändig in Stand und verbrachten viele glückliche Jahre darin.

Die Kinder sind jetzt dreizehn und fünfzehn Jahre alt und nicht ganz unproblematisch; Sohn Thomas hat letzten Sommer in einem verborgenen Winkel des elterlichen Gartens Marihuana gezogen und gebunkert an einem geheimen Ort, vermutlich im Dachstock. Seither dröhnt er sich von morgens früh bis abends spät den Kopf zu, und in der Schule hat er dermaßen nachgelassen, dass die Lehrer erwägen, ihn in einen Integrationskurs für Ausländer zu stecken. Im Vergleich dazu ist Tochter Olivia ein pflegeleichtes Kind, wenn man davon absieht, dass sie sehr viel Make-up trägt für ihre dreizehn Jahre und dass man in ihrer Schultasche kürzlich eine Packung Kondome gefunden hat.

Ziehen jetzt endlich dunkle Wolken auf im Leben von Herbert und Nina? Steigt der Leichengeruch die Kellertreppe hoch? Büßen die Kinder für die geradezu sündige Makellosigkeit der Eltern? Werden Herbert und Nina vorzeitig altern aus Kummer über ihren missratenen Nachwuchs? Werden sie einander eines Tages erkennen in ihrer beiderseitigen Hinfälligkeit? Werden sie einander verlassen, weil ihre Liebe ausschließlich auf Schönheit und Harmonie baute? Steht ihnen ein Alter in Einsamkeit, Trauer und Krankheit bevor?

Die Antwort, meine lieben Freunde, lautet auch hier: nein. Denn selbstverständlich werden Thomas und Olivia ihre pubertären Turbulenzen schadlos überstehen, werden schöne Ausbildungen machen und passende Partner heiraten und ihren Eltern wohlgeratene Enkelkinder schenken. Nina und Herbert ihrerseits werden nächstens mit selbstironischem Vergnügen in die Wechseljahre einbiegen und bei guter Gesundheit und frohen Gemüts erst sechzig, dann siebzig und achtzig Jahre alt werden. Zur diamantenen Hochzeit werden sie sich eine Kreuzfahrt nach Indonesien gönnen, und zwischen Bombay und Kuala Lumpur wird ein Sturm aufkommen und das Schiff versenken, und das einströmende Wasser wird einen Kurzschluss verursachen und das Schiff unter Starkstrom setzen, und Nina und Herbert werden schlafend und engumschlungen in die andere Welt übertreten, wo der liebe Gott sie ohne Zweifel reich belohnen wird. Nette Leute, wirklich.

DON DELILLO

Schöpfung

Wir fuhren seit einer Stunde, über weite Strecken bergauf durch dampfenden Regen. Ich hatte mein Fenster eine Handbreit geöffnet, in der Hoffnung, etwas zu wittern, das Aroma von Duftsträuchern. Dort, wo die Straße am übelsten war, bremste unser Fahrer ab, ebenso in den engsten Kurven und wenn uns in den Dunstschleiern ein anderes Auto entgegenkam. Ab und zu war die Vegetation am Straßenrand weniger dicht, und der Blick öffnete sich auf reinen Urwald, undurchdringliche Senken zwischen den Hügeln.

Jill las in ihrem Buch über die Rockefellers. Wenn sie einmal dabei war, wurde sie unerreichbar, wie unter starker Betäubung, und auf dem ganzen Hinweg sah ich nur einmal, dass sie von ihrem Buch aufschaute und ein paar spielende Kinder auf einem Feld betrachtete.

In beiden Richtungen herrschte wenig Verkehr. Die Autos, die uns entgegenkamen, tauchten jäh auf, klein, bunt, verbeult, dahindotzend wie in einem Comic, und unser Fahrer Rupert musste in dem heftigen Regen flink reagieren, um Zusammenstößen zu entgehen und den tiefen Furchen in der Straße und dem echten Dschungel, der uns entgegenwucherte, auszuweichen. Wenn einer Platz machen musste, das schien keine Frage zu sein, dann unser Fahrzeug, das Taxi.

Die Straße verlief nun ebener. Hin und wieder stand jemand zwischen den Bäumen und beäugte uns. Dampfende Schwaden waberten von den Höhen ins Tal. Ein kurzer Anstieg, dann erreichte der Wagen den Flughafen, eine Reihe kleiner Gebäude und ein Rollfeld. Der Regen hörte auf. Ich bezahlte Rupert, und wir trugen das Gepäck in den Terminal. Danach gesellte er sich draußen zu den anderen Männern in Sporthemden, und sie hielten in dem plötzlichen Sonnenglast einen Schwatz.

Der Raum war voller Menschen, Gepäck und Kisten. Jill setzte sich lesend auf ihren Koffer, umgeben von unseren Tragetaschen und dem restlichen Handgepäck. Ich drängelte mich zum Schalter durch und erfuhr, dass wir auf der Warteliste standen, Nummer fünf und sechs. Mein Gesichtsausdruck wurde nachdenklich. Ich sagte dem Mann, wir hätten den Flug von St. Vincent aus bestätigt. Er teilte mir mit, man hätte zweiundsiebzig Stunden vor dem Abflug noch einmal rückbestätigen müssen. Ich sagte, wir seien segeln gewesen; vor zweiundsiebzig Stunden hätten wir uns zwischen den Tobago Cays befunden – keine Menschen, keine Gebäude, keine Telefone. Er erwiderte, die Rückbestätigung sei obligatorisch. Er zeigte mir elf Namen auf einem Blatt Papier. Materieller Beweis. Wir waren Nummer fünf und sechs.

Ich ging zu Jill, um es ihr zu sagen. Sie ließ sich zwischen das Gepäck sinken, ein stilisierter Kollaps. Sie kostete ihn aus. Dann führten wir einen Pro-forma-Dialog. Sie brachte sämtliche Argumente, die ich gerade dem Mann am Schalter gegenüber geäußert hatte. Von St. Vincent aus bestätigt. Yacht gechartert. Unbewohnte Inseln. Und ich wiederholte alles, was er mir zur Antwort gegeben hatte. Mit anderen Worten, sie spielte meine Rolle, ich seine, aber ich tat es in einem möglichst vernünftigen Tonfall und fügte plausible Informationen hinzu, um ihre Verärgerung abzumildern. Ich rief ihr außerdem in Erinnerung, dass es drei Stunden später den nächsten Flug gab. Damit kämen wir immer noch rechtzeitig nach Barbados für einen Sprung in den Pool vor dem Abendessen. Und nachher würde es kühl und sternenklar sein. Oder warm und sternenklar. Und wir würden die Brandung in der Ferne rauschen hören. Die Ostküste war ja für ihre rauschende Brandung bekannt. Und morgen Nachmittag würden wir wie geplant unser Flugzeug nach New York besteigen und hätten nichts verloren außer ein paar Stunden auf diesem authentischen kleinen Inselflughafen.

»Wie neoromantisch und wie angemessen für heute. Wie viele Leute passen in diese Flieger, vierzig?«

»Ach was, mehr«, sagte ich.

»Wie viel mehr?«

»Mehr halt.«

»Und wo stehen wir auf der Liste?«

»Fünf und sechs.«

»Nach den mehr als vierzig.«

»Ganz viele kommen gar nicht«, sagte ich. »Der Dschungel verschluckt sie.«

»Blödsinn. Guck dir doch die Leute an. Da kommen immer mehr.«

»Einige bringen nur jemanden zum Flughafen.«

»Lieber Gott, wenn er das glaubt, will ich ihn nicht auf meiner Seite haben. Die sollten alle überhaupt nicht hier sein, so sieht's aus. Wir haben Nebensaison.«

»Einige leben hier.«

»Und wir wissen auch genau, wer, nicht wahr?«

Das Flugzeug aus Trinidad landete, und der Lärm und der Anblick sorgten dafür, dass die Leute in der Nähe des Schalters nach vorn drängten. Ich ging außen herum auf die Seite und näherte mich von der Rückseite des Nebenschalters, wo noch ein paar Leute standen. Die rückbestätigten Passagiere bildeten eine Schlange vor der Passkontrolle.

Stimmen. Eine britische Frau sagte, der Flug am Spätnachmittag sei annulliert worden. Wir schoben uns allesamt näher heran. Zwei karibische Männer ganz vorn wedelten dem Angestellten mit ihren Tickets vor der Nase herum. Weitere Stimmen. Ich sprang mehrmals hoch, um über die Köpfe der versammelten Passagiere auf die unbefestigte Straße draußen zu schauen. Rupert war immer noch da.

Schnell nahmen die Dinge Gestalt an. Fracht und Gepäck durch eine Tür nach draußen, Passagiere durch die andere. Mir wurde klar, dass jetzt nur noch die Kandidaten von der Warteliste übrig waren. Die Leute, die den Schalter verließen, wirkten wie angetrieben von einer tiefen, rettenden Kraft. Als wäre eine primitive Taufe im Gange. Wir Restlichen drängten uns um den Angestellten. Er machte Häkchen hinter einige Namen und strich andere durch.

»Die Maschine ist voll«, sagte er. »Die Maschine ist voll.«

Acht oder zehn Gesichter waren übrig, mit dem matten Ausdruck des leidenden Reisenden. Diverse Arten Englisch wurden gesprochen. Jemand schlug vor, wir sollten uns zusammentun und ein Flugzeug chartern. Das sei hier ziemlich üblich. Jemand anders erwähnte einen Neunsitzer. Der Erste schrieb Namen auf und ging mit ein paar anderen auf die Suche nach dem Charterbüro. Ich fragte den Angestellten nach dem Spätnachmittagsflug. Er wusste nicht, warum der annulliert worden war. Ich bat ihn, Jill und mich auf den ersten Flug des nächsten Tages zu buchen. Er komme nicht an die Passagierliste heran, sagte er. Er könne uns nur auf die Warteliste setzen. Morgen früh wüssten wir alle mehr.

Jill und ich schoben unser Gepäck mit den Füßen zur Tür. Einer der Charterkandidaten kam noch mal, um uns zu sagen, dass später am Tage vielleicht ein Flugzeug zu organisieren sei – allerdings nur ein Sechssitzer. Das schien uns auszuschließen. Ich gab Rupert ein Zeichen, und wir trugen die Sachen zum Auto. Rupert hatte ein längliches Gesicht und eine Lücke zwischen den Schneidezähnen, über seiner Brusttasche trug er eine Silbermedaille – einen aufwendig gestalteten ovalen Orden an einem mehrfarbigen Stoffstreifen.

Jill setzte sich auf die Rückbank und las. Rupert, neben dem Kofferraum stehend, sagte, er kenne ein Hotel nicht weit vom Hafen. Sein Blick irrte ständig nach rechts. Eine Frau stand ein paar Schritte entfernt und wartete sehr ruhig ab, bis wir ausgeredet hatten. Ich meinte, sie am Rand der Menge im Terminal gesehen zu haben. Sie trug ein graues Kleid und hatte eine Handtasche dabei. Zu ihren Füßen stand ein kleiner Koffer.

»Bitte, mein Taxi ist schon zurückgefahren«, sagte sie zu mir.

Sie war blass, hatte ein weiches, unansehnliches Gesicht mit vollen Lippen und kurzgeschnittene braune Haare. Sie hielt die Rechte vor die Stirn, um die Augen vor dem Sonnenlicht zu schützen. Wir verabredeten, uns die Taxikosten zum Hotel zu teilen und morgen früh auch wieder zusammen herzufahren. Sie sagte, sie sei Nummer sieben gewesen.

Auf dem ganzen Rückweg war es heiß und grell. Die Frau saß vorn neben Rupert. In Abständen drehte sie sich zu Jill und mir um und sagte: »Furchtbar, einfach furchtbar, was für ein System die hier haben«, oder »Ich begreife nicht, wie die ökonomisch überleben können«, oder »Die konnten mir nicht mal garantieren, dass ich morgen hier wegkomme«.

Als wir anhielten, um ein paar Ziegen über die Straße zu lassen, kam eine Frau zwischen den Bäumen hervor und wollte uns Muskatnüsse in kleinen Plastiktüten verkaufen.

»Wo stehen wir auf der Liste?«, fragte Jill.

»Zwei und drei diesmal.«

»Um wie viel Uhr geht der Flug?«

»Viertel vor sieben. Wir müssen um sechs dort sein. Rupert, wir müssen um sechs dort sein.«

»Ich fahre Sie.«

»Wo fahren wir jetzt hin?«, fragte Jill.

»Hotel.«

»Klar, Hotel. Was für ein Hotel?«

»Hast du mich da hinten springen sehen?«

»Das hab ich verpasst.«

»Ich bin hochgesprungen.«

»Barbados klappt nicht, oder?«, sagte sie.

»Lies dein Buch«, sagte ich zu ihr.

Die Ketsch ankerte immer noch im Hafen. Ich zeigte sie der Frau vorn und erklärte ihr, dass wir die letzten anderthalb Wochen an Bord verbracht hätten. Sie drehte sich um und lächelte schwach, als sei sie zu müde, um meinen Bemerkungen zu folgen. Wir waren in den Hügeln, unterwegs Richtung Süden. Mir wurde klar, was diese Hafenstadt weniger blass und beliebig wirken ließ als die anderen kleinen Häfen, die wir angelaufen hatten. Steinhäuser. Es sah fast mediterran aus.

Im Hotel bekamen wir problemlos ein Zimmer. Rupert sagte, er würde uns am nächsten Morgen um fünf erwarten. Zwei Zimmermädchen gingen über den Strand voraus, ein Träger folgte. Wir teilten uns in zwei Gruppen auf, und Jill und ich wurden zu einer sogenannten »Pool-Suite« geführt. Hinter einer drei Meter hohen Mauer befand sich ein privater Garten mit Hibiskus, diversen Sträuchern und einem Kapokbaum. Der kleine Pool gehörte auch uns. Auf der Terrasse begrüßte uns eine Schale voller Bananen, Mangos und Ananas.

»Gar nicht so übel«, sagte Jill.

Sie schlief eine Weile. Ich ließ mich im Pool treiben und spürte, wie die unbehagliche Anspannung von mir abfiel, der Ärger, wenn man irgendwo als Gruppe hinkommen wollte – organisiertes Reisen. Dieser Ort hier war so nah an der Vollkommenheit, dass wir uns nicht einmal klarmachen wollten, was für ein Glück wir hatten, hergebracht worden zu sein. Die besten neuen Orte mussten vor unseren eigenen Freudenschreien geschützt werden. Wir würden wochen- oder monatelang die Worte zurückhalten, bis zu dem milden Abend, an dem uns eine beiläufige Bemerkung ins Erinnern brachte. Wahrscheinlich glaubten wir gemeinsam daran, dass eine falsche Stimme eine Landschaft entwerten konnte. Diese Empfindung selbst blieb unausgesprochen und war eine der Quellen unserer Nähe.

Ich schlug die Augen auf und sah windgetriebene Wolken – *jagende* Wolken – und einen einzelnen Fregattvogel, der mit langen, ausgebreiteten, ruhigen Schwingen auf einem Luftstrom segelte. Die Welt und alle Dinge darin. Ich war nicht so einfältig zu glauben, ich befände mich im Schoß irgendeines Uraugenblicks. Dieses Hotel war ein modernes Produkt, so entworfen, dass die Menschen das Gefühl bekamen, die Zivilisation hinter sich gelassen zu haben. Aber ebenso wenig, wie ich naiv war, hatte ich Lust, mir diesen Ort durch Skepsis zu verderben. Wir hatten einen halben Tag schierer Frustration hinter uns, lange Fahrten hin und zurück, und das kühlende Süßwasser auf meiner Haut, der über dem Ozean aufsteigende Vogel und die Geschwindigkeit dieser tief fliegenden Wolken, ihre massiven, sich überschlagenden Gipfel und mein schwereloses Dahintreiben, meine langsamen Drehungen im Pool – wie ein ferngesteuerter Rausch – gaben mir das Gefühl, ich wüsste, was es bedeutete, auf der Welt zu sein. Es war besonders, ja. Der Traum von der Schöpfung, der bei der Suche des ernsthaften Reisenden am Rande aufschimmert. Fehlte nur noch Jill, die durch die transparenten Vorhänge schritt und sich lautlos in den Pool gleiten ließ.

Wir aßen im Pavillon zu Abend, mit Blick über das ruhige Meer. Die Tische waren nur zu einem Viertel besetzt. Die europäische Frau, unsere Taxigefährtin, saß in der hintersten Ecke. Ich nickte ihr zu. Entweder sah sie es nicht oder wollte nicht reagieren.

»Sollten wir sie nicht an unseren Tisch bitten?«

»Sie will nicht«, sagte ich.

»Schließlich sind wir Amerikaner. Wir sind berühmt dafür, andere Menschen zu uns zu bitten.«

»Sie hat sich den abgelegensten Tisch ausgesucht. Sie fühlt sich wohl dort.«

»Sie könnte eine Wirtschaftsexpertin aus dem Sowjetblock sein. Was meinst du? Oder eine, die eine Gesundheitsstudie für die UNO macht.«

»Ganz daneben.«

»Eine recht junge Witwe, Schweizerin, die das Vergessen sucht.«

»Keine Schweizerin.«

»Deutsche«, sagte sie.

»Genau.«

»Die ziellos über die Inseln streunt. An den abgelegensten Tischen sitzt.«

»Die waren nicht überrascht, als ich sagte, wir hätten das Frühstück gern um halb fünf.«

»Die ganze Insel muss sich nach dieser stinkenden

Drecks-Airline richten. Das ist grässlich, einfach grässlich.«

Jill trug eine lange Tunika über einer Hose aus Chiffon. Wir ließen unsere Schuhe unter dem Tisch stehen und schlenderten über den Strand, einmal sogar ins Wasser, bis zu den Knien. Ein Security-Mann stand unter den Palmen und behielt uns im Blick. Als wir an den Tisch zurückkehrten, brachte ein Kellner Kaffee.

»Es besteht immer noch die Möglichkeit, dass sie zwei von der Warteliste mitnehmen können, aber nicht drei«, sagte Jill. »Ich muss auf jeden Fall am Mittwoch zurück sein, aber ich finde trotzdem, wir sollten zusammen reisen.«

»Wir sind ein Team. Wir sind die ganze Zeit ein Team gewesen.«

»Wie viele Flüge gibt es morgen nach Barbados?«

»Nur zwei. Was ist am Mittwoch?«

»Bernie Gladman kommt aus Buffalo runter.«

»Und meilenweit verbrannte Erde.«

»Es hat ja nur sechs Wochen gedauert, den Termin zustande zu kriegen.«

»Wir kommen weg. Wenn nicht um sechs-fünfundvierzig, dann am Spätnachmittag. Wenn das passiert, verpassen wir natürlich unseren Anschlussflug in Barbados.«

»Das will ich gar nicht hören«, sagte sie.

»Es sei denn, wir fliegen stattdessen nach Martinique.«

»Du bist der einzige Mann, der je begriffen hat, dass Langeweile und Angst für mich ein und dasselbe sind.«

»Ich versuche, dieses Wissen nicht auszunutzen.«

»Du bist wahnsinnig gern langweilig. Du suchst nach besonders langweiligen Situationen.«

»Flughäfen.«

»Stundenlange Taxifahrten«, sagte sie.

Zuerst beugten sich die Palmwipfel. Dann schlug der Regen zu und klatschte in schweren Spritzern auf den Steinpfad. Als er nachließ, gingen wir über den Rasen zu unserer Suite.

Jill beim Ausziehen zuschauen. Rum im Zahnputzglas. Klang und Kraft des Windes. Das Spannen der Haut um die Augen nach zehn Tagen Sonne und windigem Wetter.

Ich konnte schlecht einschlafen. Nachdem sich der Wind endlich gelegt hatte, war das Erste, was ich hörte, das Krähen der Hähne, es schienen Hunderte zu sein, hinten in den Hügeln. Minuten später fingen die Hunde an zu bellen.

Wir fuhren im ersten Tageslicht los. Neun Männer mit Macheten tappten im Gänsemarsch an der Straße entlang.

Wir stellten fest, dass die andere Frau Christa hieß. Sie und Jill plauderten auf den ersten Kilometern ein wenig. Dann senkte Jill den Kopf und wandte sich ihrem aufgeschlagenen Buch zu.

Kurz regnete es.

Ich hatte um diese Zeit vielleicht mit einem halben Dutzend Leute im Flughafen gerechnet. Er war proppenvoll. Alle drängten sich um den Schalter. Vor lauter Gepäckstücken und Kisten und Vogelkäfigen und kleinen Kindern kam man kaum an ihn heran.

»Wahnsinn«, sagte Jill. »Wo sind wir? Ich glaube es nicht.«

»Wenn das Flugzeug hier ankommt, wird es leer sein oder beinahe leer. Darauf zähle ich. Und viele dieser Leute stehen auf der Warteliste. Wir sind Nummer zwei und drei, nicht vergessen.«

»Gott, wenn es dich gibt, hol mich hier raus.«

Sie war kurz vorm Weinen. Ich ließ sie an der Tür stehen und versuchte, zum Schalter durchzukommen. Ich hörte, wie das Flugzeug herankam und landete.

In Minutenschnelle waren die regulären Passagiere fast alle abgefertigt und bildeten eine Schlange quer durch den Raum. Die Hitze war jetzt schon schweißtreibend. Unter uns, die wir im Pulk stehen blieben, gab es kleine Verzweiflungsausbrüche – ein Ungestüm von Bewegung, Gestik und Mimik.

Ich hörte, wie der Angestellte unsere Namen aufrief. Ich ging zum Schalter und beugte mich weit hinüber. Sein Kopf und meiner berührten sich fast. Einer von uns würde fliegen, sagte ich zu ihm, und einer nicht. Ich gab ihm Jills Flugschein. Dann hetzte ich zurück, um ihr Gepäck zu holen und es zu der kleinen Plattform neben dem Schalter zu tragen. Ihr Mund klaffte auf, und ihre Arme schnellten zur Seite, eine Stummfilmpose der Überraschung. Sie kam mit einem meiner Gepäckstücke hinter mir her.

»Du fliegst allein«, sagte ich. »Du musst an dem Schalter ein Formular ausfüllen. Wo ist dein Pass?«

Als ich das Gepäck los war, begleitete ich sie zur Passkontrolle und hielt eine ihrer Tragetaschen, während sie das gelbe Formular ausfüllte. Zwischen den einzelnen Feldern warf sie mir immer wieder besorgte Blicke zu. Überall Verwirrung. Der Raum ringsum Glas, Licht.

»Hier ist Geld für die Flughafensteuer. Sie konnten nur einen von uns unterbringen. Es wäre dumm, wenn du nicht fliegen würdest.«

»Aber wir waren uns doch einig.«

»Es wäre dumm, nicht zu fliegen.«

»Das gefällt mir nicht.«

»Das schaffst du schon.«

»Und du?«

»Ich heirate eine Eingeborene und lerne malen.«

»Wir können ein Flugzeug chartern. Komm, das versuchen wir, auch wenn wir nur zu zweit sind.«

»Das ist hoffnungslos. Nichts funktioniert hier.«

»Ich mag aber so nicht abreisen. Das ist so furchtbar. Ich will nicht weg.«

»Jill, Schatz«, sagte ich.

Ich sah ihr nach, wie sie am Heck auf die Gangway zuging. Bald drehten sich die Propeller. Ich ging hinein und sah Christa an der Tür stehen. Ich holte mein Gepäck und ging nach draußen. Rupert saß auf einer Bank vor dem Souvenirladen. Ich musste ungefähr zehn Meter die Straße entlanggehen, bevor es mir gelang, seine Aufmerksamkeit zu erregen. Ich drehte mich nach Christa um. Sie hob ihren Koffer hoch. Dann setzten wir uns alle drei von unseren verschiedenen Positionen in Bewegung, auf das Auto zu.

Langsam wusste ich schon, wann eine bestimmte Häusergruppe auftauchen würde, wo die schlimmsten Kurven lagen, wann und auf welcher Seite das Gelände abfiel und zu einem Stück dichten Urwalds wurde. Sie saß neben mir und rieb geistesabwesend über einen Insektenstich am linken Unterarm.

Wir gingen in dasselbe Hotel, und ich fragte nach einer Pool Suite. Wir folgten einem Zimmermädchen den Strand entlang und dann den Pfad hoch zu einem der Gartentore. So wie Christa auf den Garten und den Pool reagierte, wurde mir klar, dass sie die vorige Nacht in einem der ganz normalen Strandbungalows verbracht hatte.

Als wir allein waren, folgte ich ihr ins Bad. Sie nahm eine Lotion aus ihrer Schminktasche und tränkte einen Wattebausch damit. Dann strich sie langsam mit der Watte über ihr Gesicht.

»Du warst Nummer sieben«, sagte ich.

»Sie haben nur vier mitgenommen.«

»Wärst du allein hierher zurückgefahren? Oder auf dem Flughafen geblieben?«

»Ich habe sehr wenig Geld. Ich habe nicht damit gerechnet.«

»Die haben keinen Computer.«

»Ich bin rausgefahren. Ich hatte von meinem Hotel aus angerufen. Sie führen verschiedene Listen. Zweimal konnten sie meinen Namen nirgendwo finden. Und man erfährt einfach nicht, wenn ein Flug annulliert wird.«

»Das Flugzeug kommt nicht.«

»Das stimmt«, sagte sie. »Das Flugzeug kommt nicht, und man weiß, dass man für nichts und wieder nichts rausgefahren ist.«

Ich hielt ihr Gesicht in den Händen.

»Ist das nichts?«

»Ich weiß nicht.«

»Du fühlst doch.«

»Ja, ich fühle.«

Sie ging hinein und setzte sich aufs Bett. Dann schaute sie zur Tür und nahm mich wahr – eine verspätete Musterung. Nach einer Weile, in der Totenstille zu herrschen schien, wurde mir das sanfte Geräusch der heranrollenden Wellen bewusst und dass ich es die ganze Zeit gehört hatte, den Ozean, das Brechen und Auslaufen des bewegten Wassers. Christa betrachtete mich weiter, während sie nach ihrer Handtasche griff, die hinter ihr mitten auf dem Bett stand, und auch, während sie drinnen nach Zigaretten tastete.

»Wie viel Geld hast du?«, fragte ich.

»Hundert Dollar, in europäischer Währung.«

»Weniger als zwei Taxifahrten hin und zurück.«

»Ja, lustig. Das ist jetzt die Berechnungseinheit für unser Geld.«

»Hast du letzte Nacht geschlafen?«

»Nein«, sagte sie.

»Der Wind war unglaublich. Hat die ganze Zeit geblasen. Heftig, bis zum Morgengrauen. Ich liebe es, wie diese Art Wind klingt und sich anfühlt. Er war warm, fast heiß. Er hat diese Bäume da draußen gebeugt. Man konnte das Rauschen in den Bäumen hören. Dieses schwere, rauschende Prasselgeräusch.«

»Bei der Lautstärke, bei der Windstärke konnte man sich gar nicht vorstellen, dass er warm war.«

Wenn alles neu ist, liegt der Spaß auf der Haut. Ich fand es rätselhaft befriedigend, ihren Namen laut auszusprechen und die Farben ihres Körpers aufzusagen. Haare und Augen und Hände. Der Neuschnee ihrer Brüste. Absolut gar nichts wirkte banal. Ich wollte am liebsten Listen und Klassifizierungen aufstellen. Schlicht, grundlegend, wahr. Ihre Stimme war weich und wissend. Ihre Augen waren traurig. Manchmal zitterte ihre linke Hand. Sie war eine Frau, die schwere Zeiten hinter sich hatte, eine quälend schlechte Ehe vielleicht oder den Tod eines nahen Freundes. Ihr Mund war sinnlich. Beim Zuhören ließ sie den Kopf in den Nacken sinken. Das Braun ihrer Haare war nichts Besonderes, etwas Grau war darin, feine Strähnen oder Reflexe, die je nach Lichteinfall zu kommen und zu gehen schienen.

All das sagte ich ihr und mehr, beschrieb ihr ziemlich detailliert, wie ich sie sah, und Christa schien sich über diese Aufmerksamkeit zu freuen.

Wir nutzten den Morgen im Bett. Nach dem Mittagessen ließ ich mich im Pool treiben. Christa lag nackt im Schatten, zog sich immer weiter dorthin zurück, sobald die Sonnenlinie ihren Ellbogen oder den Rand ihrer rosa Ferse erreichte.

»Wir müssen allmählich nachdenken«, sagte sie. »Es gibt ein Flugzeug um fünf.«

»Wir stehen nicht mal mehr auf der Warteliste. Wir sind los, ohne ihnen zu sagen, dass sie unsere Namen aufrücken lassen sollen. Es ist sinnlos.«

»Ich muss weg.«

»Ich rufe nachher an. Ich nenne ihnen unsere Namen. Dann sehen wir, an welcher Stelle wir stehen. Wir können morgen fliegen. Morgen gibt es drei Flüge.«

Sie schlang ein großes Handtuch um sich und setzte sich auf die Treppe zur Terrasse. Ganz eindeutig wollte sie etwas sagen. Ich stand im brusthohen Wasser.

Dies sei schon der vierte Tag, an dem sie versuche, von der Insel wegzukommen. In den letzten vierundzwanzig Stunden sei sie allmählich immer ängstlicher geworden. Durch die Strapazen am Flughafen, sagte sie, fühle sie sich hilflos und lächerlich und verloren. Die hätten so eine komische Art zu sprechen hier. Ihre dahinschwindenden Geldbestände. Die Taxifahrten durch die Hügel. Der Regen, die Hitze. Und die Schärfe, die dunkle Schärfe, die eingewirkte Stimmung oder Tonlage, die ominöse Logik dieses Ortes. Es sei alles wie im Traum, einem Albtraum von Isolation und Zwang. Sie müsse unbedingt von der Insel weg. Wir würden diese Stunden zusammen haben. Diese Episode, wie sie es nannte. Aber dann müsse ich ihr helfen, wegzukommen.

Sie sah feierlich aus in ihrem weißen Handtuch. Ich hüpfte ein paarmal im Wasser auf und ab. Dann stieg ich aus dem Pool und ging nach drinnen, um die Airline anzurufen. Ein Mann sagte, er hätte unsere Namen nirgendwo. Ich sagte ihm, dass wir gültige Tickets hätten, und erklärte einige unserer Schwierigkeiten. Er sagte, wir sollten um sechs Uhr früh erscheinen. Dann wüssten wir alle mehr.

Wir aßen in der Suite zu Abend. Mit einem Bleistift skizzierte ich ihr Gesicht auf der Rückseite einer Leinenserviette. Den Nachtisch nahmen wir mit nach draußen in den Garten. Ich zeichnete sie noch einmal, diesmal die ganze Gestalt, auf einem Blatt Hotelbriefpapier. Den Ozean. Den Schwung der Küste.

»Du malst also?«

»Ich schreibe.«

»Aha, ein Schriftsteller?«

»Was riecht hier so fantastisch? Ist das Jasmin? Wenn ich bloß wüsste, wie das heißt.«

»Sehr angenehm, so ein Garten.«

»Abgesehen vom Wegkommen, einfach von der Insel wegzukommen, musst du irgendwann irgendwo sein?«

»Ich muss Barbados-London fliegen. Es gibt Leute, die mich da treffen wollen.«

»Leute, die warten.«

»Ja.«

»In einem englischen Garten.«

»In zwei Räumen mit schreienden Babys.«

»Du lächelst. Sie lächelt.«

»Das ist ein Riesending.«

»Ein heimliches Lächeln hat sie da. Tief und privat. Aber doch einnehmend.«

»Das hat seit Jahren niemand gesehen. Es tut mir im Gesicht weh.«

»Christa Landauer.«

Ein Mann kam mit Brandy. Christa saß in einem alten Morgenmantel da. Die Nacht war klar.

»Du hast den Wunsch, nicht aufzufallen«, sagte ich.

»Woran merkst du das?«

»Du willst undefiniert sein. Das merke ich an verschiedenen Dingen. Kleidung, Gang, Haltung. Am meisten an deinem Gesicht. Vor nicht allzu langer Zeit hattest du ein anderes Gesicht. Da bin ich mir sicher.«

»Was wissen wir noch voneinander?«

»Was wir sehen können.«

»Berühren. Was wir berühren können.«

»Sprich deutsch«, sagte ich.

»Wieso?«

»Ich höre es gern.«

»Kannst du die Sprache?«

»Ich möchte den Klang hören. Ich mag den Klang. Voller Heavy Metal. Ich kann Hallo und Auf Wiedersehen sagen.«

»Sonst nichts?«

»Sprich natürlich. Sag irgendwas. Red einfach.«

»Wir werden im Bett deutsch sein.«

Sie saß in einem Sessel, ohne Morgenmantel, ein Bein über der Lehne, und hielt ihr Brandyglas und die Zigarette in einer Hand.

»Hörst du?«

»Wen oder was?«

»Hör genau hin.«

»Die Wellen«, sagte sie.

Eine Weile später gingen wir hinein. Ich beobachtete, wie sie zum Bett schritt. Sie schob ein Kissen weg und legte sich auf den Rücken, den Blick zur Decke, einen Arm ließ sie seitlich herunterhängen. Mit dem Zeigefinger aschte sie auf den Boden. Rauch wanderte ihren Arm empor. Frauen in ungezwungenen Stellungen, Frauen, die sich räkeln, haben schon immer massives Entzücken bei mir erregt, Frauen in lässiger, ruhender Pose, und ich wusste, dass dieses Bild von Christa mit der Zeit zu einer wiederkehrenden Erinnerung werden würde, ihre geöffneten, unnahbaren Augen, die Tiefen der Stille in ihrem Gesicht, der abgetragene Morgenmantel, das zerwühlte Bett, ihre nachdenkliche, grüblerische Ausstrahlung voll Einsamkeit und finsterer Ferne, der Rauch, der an ihrem Arm hochstieg, sich daran festzuklammern schien.

Ich rief die Rezeption an. Der Mann sagte, er würde jemanden um halb fünf mit dem Frühstück vorbeischicken, und Rupert wäre dann um fünf mit seinem Taxi vor der Tür.

Plötzlich kam eine Windbö und rüttelte an den Fensterläden und blies durchs ganze Zimmer, Papiere segelten umher, die Vorhänge bauschten sich. Christa drückte ihre Zigarette aus und löschte das Licht.

Als ich viel später die Augen aufschlug, war die Schreibtischlampe an, und sie saß in ihrem Morgenmantel auf einem Sessel und las in irgendwelchen Papieren. Ich wollte nach meiner Armbanduhr greifen. Tür und Fensterläden waren geschlossen, aber ich konnte den Regen hören.

»Wie spät ist es?«

»Schlaf weiter.«

»Haben wir den Weckruf verpasst?«

»Es ist noch Zeit. Sie werden am Tor klingeln. Noch eine Stunde.«

»Ich will dich bei mir.«

»Ich muss noch fertig machen«, sagte sie. »Schlaf weiter.«

Ich schaffte es, mich auf einen Ellbogen zu stützen.

»Was liest du gerade?«

»Arbeit. Sehr öde. Willst du nicht wissen. Wir fragen nicht, du und ich. Du schläfst halb, sonst würdest du gar nicht fragen.«

»Kommst du bald ins Bett?«

»Ja, bald.«

»Wenn ich schlafe, weckst du mich?«

»Ja.«

»Schiebst du die Tür ein bisschen auf, damit wir die Luft spüren?«

»Ja«, sagte sie. »Natürlich. Alles, was du willst.«

Ich streckte mich aus und schloss die Augen. Ich dachte an die Sandinseln da draußen, zwei Tage Segeln, und die Brandung, die über die Riffe sprühte, und dass die Unterseiten der Möwen vom hellen Wasser aus grün wirkten.

Und wieder die breitblättrigen Bäume und das Dickicht der Senken, der kurvenreiche Anstieg durch Dunst und Regen. Irgendetwas am Licht dieses Morgens verlieh der Landschaft eine subtile Färbung. Die Abstände wirkten nicht so plastisch und lebendig. Es gab nur das eine Tiefgrün mit trügerischen Schattierungen. Wir waren jetzt auf dem letzten Stück, ungefähr eine Dreiviertelstunde unterwegs, und ich dachte, es könnte sich immer noch ändern, ein jäher Wetterumschwung könnte das Land immer noch verwandeln, Textur und Dimension hervorbringen, Aufbäumen grünen Lichtes, derlei Wabern und Strahlen und die Fastbewusstheit, die man stets auf überwuchertem Gelände feststellt. Christa rieb sich schläfrig den Nacken. Ich spähte die ganze Zeit nach draußen und nach oben. Im Vordergrund liefen Frauen in verwaschenen Röcken zu zweit und dritt am Straßenrand entlang, Frauen mit markanten Gesichtszügen, die von Zeit zu Zeit im feuchten Schimmer auftauchten, einige mit Körben auf dem Kopf, sie lugten ins Auto, die Schultern nach hinten gezogen, die nackten Arme glänzend.

»Diesmal kommen wir weg«, sagte Christa.

»Du meinst, du hast Glück.«

»Wir müssen nicht mal warten. Erster Flug.«

»Was, wenn es nicht so kommt?«

»Das darfst du nicht mal flüstern.«

»Kommst du mit mir zurück?«

»Ich höre gar nicht zu.«

»Es wäre verrückt, dazubleiben«, sagte ich. »Sieben oder acht Stunden warten. Wir erfahren unseren Status. Ich kläre alles mit dem Mann. Rupert wird auf uns warten. Und uns ins Hotel zurückbringen. Dann haben wir noch etwas Zeit miteinander. Und dann fahren wir wieder hin. Wir kriegen den Zweiuhrflug oder den Fünfer, je nach unserem Status. Wichtig ist jetzt nur, unseren Status zu klären.«

Rupert hörte Radio, seine Schultern lehnten sich in die knappe Kurve.

»Macht dir das so einen Spaß«, fragte sie, »hin und her?«

»Ich lass mich gern treiben.«

»Das ist keine Antwort.«

»Doch, ich lass mich wirklich gern treiben. Das versuche ich bei jeder Gelegenheit.«

»Du solltest zurückfahren. Dich sechs Wochen lang treiben lassen.«

»Nicht allein«, sagte ich.

Sie hatte dasselbe graue Kleid an wie vor zwei Tagen auf der Straße vor dem Terminal, als ich mich umdrehte und sie höflich an der Seite stehen sah, das Gesicht verzerrt im gleißenden Licht.

»Wie lange noch? Das hier kommt mir bekannt vor.«

»Minuten«, sagte ich.

»Hier sind wir mal fast von der Straße abgekommen, auf der ersten Fahrt, da hat der Kühler vorn gequalmt. Da hätte ich schon wissen müssen, dass es bis zum Ende eine Katastrophe sein würde.«

»Rupert würde es nie so weit kommen lassen, oder, Rupert?«

»Zugucken, wie das ganze Auto in Rauch aufgeht«, sagte sie.

Ich warf ihr einen Blick zu, und wir lächelten beide. Rupert klopfte im Takt der Musik aufs Lenkrad. Wir kamen an ein paar Häusern vorbei und erklommen die letzte Steigung.

Ich nahm Christas Ticket und bat sie, im Taxi zu warten. Auch das Gepäck sollte drinbleiben, bis wir sicher waren, an Bord gehen zu können. Draußen vorm Terminal hatten sich verschiedene Leute versammelt. Ein stämmiger Mann, Inder oder Pakistani, wartete an der Tür. Ich hatte ihn schon am Vortag am Schalter gesehen, er hatte in einem gestreiften Blazer eingekeilt dagestanden und geschwitzt. Jetzt hatte er etwas an sich, etwas In-sich-Gekehrtes, eine fast gespenstische Ruhe, die mich auf die Idee brachte, bei ihm stehen zu bleiben.

»Es kursiert das Gerücht, sie wäre abgestürzt«, sagte er.

Wir sahen uns nicht an.

»Wie viele an Bord?«

»Acht Passagiere, drei Crewmitglieder.«

Ich ging hinein. Es befanden sich nur zwei Menschen im Terminal, und der Schalter war leer. Ich trat hinter den Schalter und öffnete die Tür zum Büro. Zwei Männer in weißen Hemden saßen einander gegenüber, zwischen ihnen Schreibtische, die Rücken an Rücken gestellt waren.

»Stimmt das?«, fragte ich. »Sie ist abgestürzt?«

Sie sahen mich an.

»Die Maschine aus Trinidad. Die Sechs-fünfundvierzig. Nach Barbados. Die ist nicht abgestürzt?«

»Der Flug ist annulliert«, sagte einer von ihnen.

»Draußen sagen die Leute, sie wäre in den verdammten Ozean gestürzt.«

»Nein, nein – annulliert.«

»Was ist passiert?«

»Start war unmöglich.«

»Böen«, sagte der Zweite.

»Sie hatten eine ganze Reihe Probleme.«

»Ist also nur annulliert worden«, sagte ich, »und es gibt nichts Ernstes.«

»Sie haben nicht angerufen. Sie müssen anrufen, bevor Sie rausgefahren kommen. Immer anrufen.«

»Andere Leute rufen an«, sagte der Zweite. »Deshalb sind Sie ganz allein hier.«

Ich zeigte ihnen die Tickets, und einer von ihnen schrieb sich unsere Namen auf und sagte, er erwarte das Flugzeug hier rechtzeitig für den Abflug um zwei Uhr.

»Was für einen Status haben wir?«

Er sagte, ich solle anrufen, bevor ich rausführe. Ich ging durch den mittlerweile menschenleeren Terminal. Der stämmige Mann stand immer noch vor der Tür.

»Sie ist nicht runtergekommen«, teilte ich ihm mit.

Er sah mich an und dachte nach.

»Sie ist also in der Luft?«

Ich schüttelte den Kopf.

»Böen«, sagte ich.

Kinder rannten vorbei. Ruperts Taxi parkte in einem kleinen offenen Bereich etwa dreißig Meter entfernt. Keiner am Steuer. Als ich näher kam, sah ich, wie sich Christa auf dem Rücksitz nach vorn lehnte. Sie entdeckte mich und stieg aus und wartete an der geöffneten Tür.

Ich hielt es für das Beste, mit dem Gerücht vom Absturz anzufangen. Sie würde aufatmen, wenn sie hörte, dass das nicht stimmte. Und so auch die Annullierung leichter hinnehmen.

Aber als ich anfing, wurde mir klar, dass jegliche Taktik zwecklos war. Ihr Gesicht erstarb langsam. Sämtliche Ichs brachen nach innen ein. Sie wurde unzugänglich und totenstill. Ich redete immer weiter, sonst fiel mir nichts ein, und merkte, dass ich noch deutlicher sprach, als man es ohnehin schon Ausländern gegenüber tut. Es nieselte. Ich versuchte ihr zu erklären, dass wir höchstwahrscheinlich später am Tage wegkommen würden. Ich sprach langsam und deutlich. Die Kinder kamen angelaufen.

Christa bewegte die Lippen, sagte aber nichts. Sie schob sich an mir vorbei und hastete die Straße entlang. Sie war im Busch hinter einem Schuppen aus Teerpappe, als ich sie einholte. Zitternd fiel sie mir in die Arme.

»Alles ist gut«, sagte ich. »Du bist nicht allein, es wird nichts passieren, es ist doch nur ein Tag. Alles ist gut, alles ist gut. Wir werden einfach zusammen sein, sonst nichts. Nur noch ein Tag, sonst nichts.«

Ich hielt sie von hinten, sprach sehr leise, mein Mund an der Muschel ihres rechten Ohrs.

»Wir werden allein im Hotel sein. Fast die einzigen Gäste. Du kannst dich den ganzen Tag ausruhen und an nichts denken, gar nichts. Es ist egal, wer du bist oder warum du hier hängen geblieben bist oder wo du als Nächstes hinwillst. Du brauchst dich nicht einmal zu rühren. Leg dich in den Schatten. Ich weiß, du liegst gern im Schatten.«

Ich berührte ihr Gesicht sanft mit dem Handrücken, streichelte sie wieder und wieder, streicheln, dieses wunderschöne Wort.

»Wir werden einfach zusammen sein. Du kannst dich ausruhen und schlafen, und heute Abend trinken wir in Ruhe einen Brandy, dann wird es dir mit allem bessergehen. Ich weiß es, ich bin mir sicher, ich bin absolut davon überzeugt. Du bist nicht allein. Alles ist gut, alles ist gut. Wir haben nur noch diese letzten Stunden, sonst nichts. Und du wirst deutsch mit mir sprechen.«

Im Nieselregen gingen wir zurück, die Straße entlang zur offenen Tür des Taxis. Rupert saß am Steuer, seinen Orden an der Brust. Der Motor lief.

EWALD ARENZ

Schwein gehabt

Ich saß mit meinen Geschwistern Katharina und Jörg
in luftiger Höhe auf einem Jägerstand am Waldesrand.
Rings um uns bewegten sich die bunten Blätter leise in
der Abendluft. Aus den Wiesen begann ein feiner Dunst
aufzusteigen. Wir schwiegen. Auch der Hund meiner
Mutter, den Katharina mit auf den Hochsitz geschleppt
hatte, schwieg endlich, nachdem er sich heiser gebellt
hatte, was mir allmählich auf die Nerven gegangen war.
Nach einer ganzen Weile wies Jörg nach Westen und
trompetete fröhlich: »Schaut euch diese Farben an! Was
für ein unglaublicher Sonnenuntergang! Für so was hat
man ja sonst nie Zeit!«

Der Hund versuchte ein heiseres Bellen.

»Halt die Schnauze!«, schnappte Katharina. Jörg
spitzte unbeeindruckt die Lippen und pfiff ein bisschen.

»Wen genau meinst du?«, erkundigte ich mich freundlich und schlug den Kragen meines Jacketts hoch. Der
Nachmittag war sonnig gewesen, aber jetzt wurde es
empfindlich kühl. Ich hätte mich auch gerne ein bisschen bewegt, um wieder warm zu werden. »Euch alle
drei«, knurrte Katharina, schrie dann aber auf und hielt
sich an der Leine fest, als der Hochstand schwankte.
Rings um uns schauerten Blätter hinunter, die in den
letzten schrägen Sonnenbalken golden aufleuchteten.
»Mir wird kalt«, bemerkte ich. »Ich finde es sehr romantisch«, meinte Jörg. »Man hat das ja nicht oft. Andere

würden was weiß ich für solche Naturerlebnisse geben.«
Weder Katharina noch ich würdigten diesen sentimen-
talen Schwachsinn einer Antwort. Die Sonne war jetzt
endgültig untergegangen, und mir wurde immer käl-
ter. »Wir opfern den Hund«, schlug ich vor. »Nein!«,
schleuderte Katharina mir in kaltem Zorn entgegen,
»erstens würde Mama dich umbringen, und zweitens ist
das alles deine Schuld!«

Ich fiel vor Überraschung und Empörung beinahe
vom Hochsitz. »Was?«, schrie ich, »was? Habe *ich* den
Hund frei durch den Wald laufen lassen? Wo doch jeder
weiß, dass der Hund zu dumm ist, um ein Wildschwein
von einem Hasen unterscheiden zu können?«

Katharina funkelte mich an. Sie kann das sehr gut. Ich
weiß von meinem Sohn, dass sie manchmal allein mit
ihrem Blick Unterstufenschüler zum Weinen bringt.
»Du, lieber Heinrich, hast uns doch erst in diesen groß-
artigen, vollkommen funkfreien Forst geführt, in dem
niemand Handyempfang hat!«

Jörg unterbrach mich, bevor ich genug Luft für eine
wütende, glasklar logische und schneidende Replik geholt hatte. »Äh … Wir drei sind Vegetarier. Vielleicht
hilft es, wenn wir das dem Schwein irgendwie mittei-
len.«

Wir sahen alle drei nach unten. Das Wildschwein mit
den kapitalen Hauern, das vom Hund unserer Mutter
mit einem Hasen verwechselt worden war und vor dem
wir uns und den dummen Hund auf den Hochsitz gerettet hatten, grunzte wild und böse und rieb sich erneut
an der Leiter des Hochsitzes. Entsetzt hielten wir uns
aneinander fest.

»Der Hund ist schuld. Wir opfern ihn!«, wiederholte
ich verstockt und mit klappernden Zähnen.

»Einer von euch Jungs steigt runter und lockt es weg«,

schlug Katharina mit glitzernder Bosheit in den Augen vor.

»Wir werfen das Schwein mit trockenen Ästen tot«, lachte Jörg bitter.

Erst als gegen Mitternacht die Scheinwerfer eines heranrollenden SUV das einsetzende Schneegestöber durchdrangen, schreckte das Wildschwein hoch und brach in wilder Flucht durchs Unterholz. Der Wagen stoppte, ein Jäger stieg aus und bemerkte uns auf seinem Sitz. Es brauchte ein, zwei Sekunden, bevor er die Situation erfasst hatte, aber dann grinste er breit, als er sagte: »Ganz schön scheiße, am Ende der Nahrungskette zu stehen, was?«

Aber dann fuhr er uns alle heim und das war ein Glück, denn sonst hätten wir drei Geschwister sehr lange nicht mehr miteinander gesprochen.

EA

FRIEDA-ALICE KAHRO

Enten, die vom Himmel fielen

Es war eine »dirt road«, eine sandige, ausgetrocknete Straße, die sich von einem kleinen Village über zig Meilen in das Hinterland schlängelte. Dürre Landschaft, knapper Bodenbewuchs und die für Arizona so typischen Saguaro-Kakteen. Rechts und links erhoben sich, noch nicht sehr steil, massive Hügel. Oben waren einige schon bunt gefärbte Bäume zu sehen, darüber erstreckte sich der dunkelblaue Himmel. Der Indian Summer zeigte sich auch in Arizona von seiner allerschönsten Seite. Ich erinnere mich genau: Es war früher Morgen und noch ziemlich frisch.

Mike, der Typ vom Kajak-Verleih, fuhr den Van. Er war schweigsam, genau wie John, mein amerikanischer Cousin, dessen Kinder ich viele Jahre zuvor als Au-pair-Mädchen gehütet hatte.

Nach etwa eineinhalb Stunden bogen wir rechts ab, ein Weg war kaum auszumachen, und erreichten schließlich den Fluss. Nicht allzu breit zog er sich durch die Landschaft. Sehr viel Wasser führte er nicht mit sich, aber genug, dass wir paddeln konnten, wie John gleich feststellte.

Rasch hoben wir die beiden Kajaks vom Wagen und beluden sie mit unserem Gepäck: etliche wasserdichte Beutel, die Proviant und alles Notwendige für eine Übernachtung unter freiem Himmel enthielten. Und natürlich Johns Schrotflinte.

Am Nachmittag des nächsten Tages sollte uns Mike flussabwärts wieder auflesen. Zwei Tage Flusspaddeln lagen vor uns. Schöne Aussichten!

Endlich legten wir ab. Ich saß zum ersten Mal in einem Kajak und war dankbar, dass der Fluss kein reißendes Gewässer war. Es war ungewöhnlich, so knapp über der Wasseroberfläche zu sitzen, fast eingetaucht. Ich war froh über die Spritzdecke, sonst hätte sich das Kajak rasch mit Wasser gefüllt. Nervös sah ich der ersten kleinen Stromschnelle entgegen. Ich wusste, dass sich die Strömung dort rasch ändern konnte. Einen Moment lang stellte sich das Boot quer, dann ging es zum Glück galant weiter. An manchen Stellen wiederum wurde der Fluss bedenklich flach, und es galt, den großen Steinen am Grund mehr oder minder geschmeidig auszuweichen. Irgendwann merkte ich, dass meine Anspannung nachließ. Ich hörte das Rauschen und Glucksen des Wassers, spürte die Paddel eintauchen und den Widerstand des Wassers. Mein Oberkörper drehte sich in einer fließenden Bewegung leicht hin und her. Karge, schöne Landschaft zog an uns vorbei. Es war wie ein Rausch.

Ich war so in Gedanken, dass ich zu Tode erschrak, als plötzlich ein lautes Platschen zu hören war. Rasch drehte ich mich um und sah in einiger Entfernung Johns gekentertes Kajak und all das Gepäck auf dem Wasser davontreiben. Ich hatte keine Ahnung, was mit John passiert war. Wir sind hier ganz allein, schoss es mir durch den Kopf. Ein paar Sekunden lang war ich wirklich in Sorge. Dann kam John prustend an die Oberfläche. Voller Stolz hielt er seine Schrotflinte in die Luft. Geistesgegenwärtig war er abgetaucht, um sie als Erstes zu retten.

Rasch paddelte ich ans Ufer und zog mein Kajak an Land. Und half dann John, bis zum Bauch im empfindlich kalten Wasser, unsere Habseligkeiten zusammenzuklauben. Frierend brachten wir alles ans Ufer. Wirklich froh über die inzwischen wärmenden Sonnenstrahlen. Als ich gerade nach dem letzten Stück griff, spürten meine Füße plötzlich angenehme Wärme. Eine heiße Quelle, unscheinbar und nur bei genauem Hinsehen zu entdecken, beförderte heißes Wasser aus der Erde an die Oberfläche. So heiß, dass meine Füße sich immer wieder davon lösen mussten, um sich dann erneut daran zu wärmen. Oh, was für eine Wohltat.

Wir sortierten uns, trockneten uns und unsere Klamotten in der Sonne, so gut es ging, und setzten nach einiger Zeit unsere Fahrt fort.

Immer höher, immer steiler erhoben sich die Hügel neben uns, immer enger, immer spektakulärer wurde der Canyon. Bis auf das Glucksen des Wassers herrschte Stille. Nur manchmal war das schrille Geschrei der Aasgeier zu hören, die hoch oben auf Bäumen sitzend nach Beute Ausschau hielten.

John machte mich grinsend aufmerksam. Dann überließen wir uns wieder den atemberaubenden Eindrücken. Die Natur zeigte sich groß und erhaben. Für mich schien die Zeit stillzustehen. Ich hätte nicht sagen können, wie lange wir schon unterwegs waren.

Aber ich merkte irgendwann, dass das Licht sich veränderte. Die Sonnenstrahlen hatten das Tal des Canyons schon geraume Zeit nicht mehr erreicht. Die Sonne würde bald untergehen. Ich wusste, dass nach Sonnenuntergang nicht mehr viel Zeit blieb, bis es stockfinster war. John hatte offenbar den gleichen Gedanken. Denn als an einer Flussbiegung eine breite Sandbank auftauchte, steuerte er das Ufer an. Dort wollten wir übernachten.

Rasch suchten wir nach Ästen und Zweigen, um als Erstes ein Feuer zu entfachen. John empfahl mir, alles, was ich für die Nacht brauchte, griffbereit zu haben. In der Finsternis würden wir allein auf das Licht des Feuers und auf unsere Stirnlampen angewiesen sein. Wir breiteten eine große, wasserdichte Unterlage aus und rollten unsere Schlafsäcke aus. Ein Zelt hatten wir nicht. Ich würde das erste Mal in meinem Leben unter freiem Himmel schlafen. Wie aufregend! Als alle Vorbereitungen getroffen waren, wärmten wir schließlich unseren Eintopf in einem Gefäß über dem Feuer. Ich hatte überhaupt nicht gemerkt, wie hungrig ich inzwischen geworden war. Und weil allmählich die Kälte der Nacht heraufzog, krochen wir nach dem Essen in unsere Schlafsäcke.

So weit weg von der Zivilisation, kein Lärm, nichts als der weite Himmel über mir mit so vielen Sternen, wie ich sie mir noch nicht einmal hatte vorstellen können. Wie unendlich viele kleine Diamanten funkelten sie zu mir herab. Was war dagegen der große Wagen und die Venus am Großstadthimmel zu Hause. Ich wollte die Augen gar nicht schließen, um dieses stille Spektakel so lange wie möglich zu genießen.

So im Einklang mit der Natur und mit uns selbst glitten wir auch durch den nächsten Tag. Ich wurde von einem richtigen Blues erfasst, als wir am Nachmittag unser Ziel erreichten, eine Stelle, an der ein anderer Fluss sich mit unserem zusammenschloss. Dort zogen wir unsere Kajaks wieder an Land. Von mir aus hätte dieses wunderbare kleine Abenteuer noch nicht enden müssen. Ich konnte nicht ahnen, dass es noch längst nicht vorbei war.

Es blieb uns nur noch eine gute Stunde, bis Mike uns abholen würde und wir diesen Zauber hinter uns lassen und nach Hause zurückkehren würden.

John beschloss, die Zeit zu nutzen. Schließlich hatte

er seine Schrotflinte unter großem Einsatz aus dem Wasser gerettet. Wie für viele amerikanische Männer war auch für John Jagen und Fischen ein wesentlicher Bestandteil seines Lebens.

Jedenfalls – als ein Schwarm Wildenten über unsere Köpfe hinwegflog, schoss John kurzerhand zweimal in den Himmel. Der Knall hallte unwirklich in der Stille nach. Und ich sah zwei Enten wie Steine vom Himmel fallen. Niemals werde ich diesen Moment vergessen. Irgendwie fassungslos starrte ich auf die beiden toten Körper, die hart auf dem Boden aufgeschlagen waren.

Irgendwann fiel John und mir auf, dass Mike längst hätte da sein müssen. Seltsam. Was war passiert? In Vor-Handy-Zeiten hieß das Mutmaßen und Rätselraten. War ihm etwas zugstoßen? Hatte es ein Missverständnis gegeben? Ein anderer Ort? Eine andere Uhrzeit? Aber John war sich sicher. Er blieb ruhig.

Nach einer ganzen Weile tauchte in einiger Entfernung plötzlich ein Auto auf. Leider nicht das von Mike, wie wir sofort erkannten. John spurtete los, um es aufzuhalten. Er hatte Glück, der Fahrer erklärte sich bereit, ihn zu Mikes Kajak-Verleih zu bringen. Ich sollte auf die Boote und unsere Habseligkeiten aufpassen.

Da stand ich also, allein »in the middle of nowhere« an einem Fluss in Arizona. Um mich herum die Kajaks und jede Menge Gepäck. Und in einiger Entfernung (Vorsicht: Aasgeier!) die beiden toten Enten. So allein wie noch nie in meinem ganzen Leben, aber ich fühlte mich nicht einsam. Und ich hatte auch keine Angst, als es dunkel wurde, denn ich wusste, ich konnte mich auf John verlassen. Zu hundert Prozent. Er würde zurückkommen und mich abholen.

In dieser wunderbaren Abgeschiedenheit, in der schönen Umgebung, am Ufer des Flusses spürte ich Glück und Zufriedenheit und seltsamerweise, denn ich hatte ja gar nichts getan, ein bisschen Stolz.

Ich hatte keine Ahnung, wie viel Zeit vergangen war, als ich schließlich die Scheinwerfer von Johns Auto aufleuchten sah.

Es war schon spät in der Nacht, als John zu Hause die beiden Enten ausgenommen und die winzigen Brüstchen in der Pfanne gebraten hatte. Ein paar Bissen für jeden. An den Geschmack erinnere ich mich nicht, aber es war mit Sicherheit die eindrücklichste Mahlzeit, die ich je zu mir genommen habe.

Thank you, John.

ASTRID RUPPERT

Das Taubennest

Schon seit einer ganzen Weile gelang es ihr nicht mehr, dieser Frau richtig zuzuhören. Es war nicht so, dass sie sich nicht bemühte. Sie bemühte sich sogar sehr. Um dies zu demonstrieren, notierte sie immer wieder etwas auf dem Block, den sie bei jedem Gespräch vor sich liegen hatte. Hartmann/Hartmann stand ganz oben in der ersten Zeile, und daneben das Datum. Fünfundzwanzigster Mai. Früher war der Mai ihr Lieblingsmonat gewesen. Sie hob den Blick und sah Frau Hartmann an.

Das war der Grund, warum sie ihr nicht zuhören konnte. Sie mochte sie nicht anschauen. Sie mochte ihr Gesicht nicht. Es war so jung.

Sie schaute aus dem Fenster. Was sie dort sah, half ihr auch nicht weiter. In der Linde, die vor ihrem Bürofenster stand, hatte ein Taubenpaar ein verlassenes, zerzaustes Nest vom Vorjahr vereinnahmt. Es sah unordentlich aus. Tauben waren keine liebevollen Baumeister. Tauben nahmen, was sie kriegen konnten.

Meistens verscheuchte sie die Viecher, wann immer es ging. Dieses ganze Geschnäbel und Gegurre. Wenn sie in die Hände klatschte, um die Tauben zu verjagen, erschraken sie schon gar nicht mehr. Die Tauben hatten sich an sie und ihr sinnloses Gefuchtel längst gewöhnt. Manchmal traf sie ein gelangweilter Blick aus dem kleinen, runden Vogelauge. Dann war sie es, die erschrak. Ab und zu warf sie etwas nach ihnen. Was sie gerade zur

Hand hatte. Eine Handvoll Büroklammern. Die Hydrokultursteine aus dem Topf ihres staubigen Ficus. Letztens hatte sie vor Wut in ihre Schublade gegriffen und alle Stifte nach den Tauben geworfen, als sie schnäbelnd in ihrem hässlichen Nest saßen. Ihr guter Parker-Kugelschreiber war auch dabei gewesen. Das hatte sie noch wütender gemacht. Sie wollte kein brütendes Taubenpaar vor ihrem Fenster.

Frau Hartmann redete immer noch. Sie zwang sich, ihre Aufmerksamkeit wieder auf sie zu richten. Es fiel ihr nicht leicht.

Was willst du überhaupt, dachte sie. Du bist so jung. Du kannst ohne Zögern ärmellose Blusen tragen und mit deinen makellosen, blassen Schultern Beschützerinstinkte wecken. Und andere Instinkte auch. Ärmellose Blusen. Das war etwas für die jungen Dinger und dann wieder für die ganz alten Frauen, die sich damit abgefunden hatten, dass ihre Oberarme runzlig und schwabbelig waren. Sie war irgendwo dazwischen. Sie hatte genau das Alter, in dem man kurzärmelige Blusen trug, auch wenn es noch so heiß war.

Sie dachte an den Sommer, seufzte tief und unterbrach den aufgeregten Redestrom ihrer Klientin.

»Also, Frau Hartmann, lassen Sie mich kurz zusammenfassen. Die Ehe besteht seit zweieinhalb Jahren, es wurde beidseitig kein Vermögen in die Ehe eingebracht. Sie sind beide berufstätig, keine Kinder, kein nennenswertes Vermögen, und es gibt keine Versicherung.«

Frau Hartmann nickte. »Ich will, dass es ihm wehtut«, sagte sie mit einer Stimme, die so blass und zerbrechlich war wie ihre Schultern. »Er soll büßen. Was er mir angetan hat, dafür soll er büßen.«

»Das wird schwierig«, entgegnete sie. »Sie sind nicht

lange genug verheiratet. Der Vermögensausgleich wird in jeder Hinsicht äußerst schlicht ausfallen. Sie sind vermögensrechtlich zu ähnlich disponiert. Sie können da nichts erwarten.«

Sie beobachtete, wie sich erst Unglauben und Abwehr in dem Gesicht ihrer Klientin abwechselten und wie dann die Zweifel dazukamen. Sie kannte das schon. Sie erklärte das ja nicht zum ersten Mal. Im Scheidungsrecht ging es um Geld. Im Scheidungsrecht gab es keinen Gefühlsausgleich. Keinen Wutausgleich und keinen Schmerzausgleich. Und selbst wenn, dachte sie. Was konnten das schon für Schmerzen sein? Bei einer Frau Hartmann. Nach zweieinhalb Jahren. Mit schmalen, blassen Schultern. Sie dagegen, sie könnte ihr etwas erzählen von Schmerzen. Sie könnte ihr erzählen, wie es sich anfühlt, nach zwanzig Jahren. Einundzwanzig, um genau zu sein. Einundzwanzig Jahre, und dann so ein junges Etwas. Blond auch noch. Blond, wie Frau Hartmann. Wenn es nicht so traurig wäre, würde sie fürchterlich darüber lachen müssen. Früher hatten sie abends manchmal zusammen gelacht, über die Männer, die in einem bestimmten Alter den Verstand verloren. Und manchmal noch viel mehr.

Im Sommer hatten sie abends auf der Terrasse gesessen, und der Garten hatte gut gerochen. Grün und lebendig hatte er gerochen, nachdem sie ihn gewässert hatten, und sie hatten die satte Stille genossen, die von dem duftenden Rasen in den dunkler werdenden Himmel stieg, während die Weingläser beschlugen, weil der Wein genauso schön kalt war, wie sie es liebte. Dann hatte sie manchmal Geschichten aus der Kanzlei erzählt, von der soundsovielten Ehefrau und dem soundsovielten jungen Etwas und den Instinkten. Und sie hatten zusammen gelacht. Bis er einem jungen Etwas begegnet war, das Instinkte bei ihm geweckt hatte. Da hatten sie nicht mehr gelacht. Alles war bitter gewesen dann.

Alles war bitter seitdem. Es fühlte sich an, als hätte sie viel mehr verloren als ihren Mann.

»Will er denn die Scheidung unbedingt sofort?«, fragte sie in dem sachlichen Tonfall, hinter dem sie sich stets verbarg. »Da gäbe es vielleicht noch eine kleine Chance zu taktieren. Wenn Sie das möchten.«

Aber es wird dir nicht helfen, dachte sie. Es hilft nie. Du kriegst von ihm nicht mehr das, was du brauchst. Gib's auf, Frau Hartmann, dachte sie. Du findest doch sowieso bald wieder einen Mann. Mit deinen zarten Schultern. Vielleicht ist er der Ehemann einer anderen, aber das ist dir dann bestimmt egal. Und hier sitzt dann wieder eine Ehefrau, die sich Schmerzensgeld wünscht, von dem sie denkt, dass es betäubt. Aber es betäubt nicht. Es betäubt die Gedanken nicht. Die müssen alle gedacht werden. Jeder noch so billige Gedanke muss gedacht werden. Sie hatte immer von sich geglaubt, zu solchen Gedanken nicht fähig zu sein. Nie geschmacklos sein zu können. Aber sie hat festgestellt, wenn man die Wahl hat zwischen geschmacklos und bitter, dann wählt man manchmal geschmacklos, um sich für einen kurzen Moment zu täuschen, um sich kurz von der Bitterkeit zu befreien, die manche Sätze in einen hineinträufeln können. Manche Sätze, die so bitter sind, dass man tagelang an ihnen würgt. *Es war doch schon lange keine Liebe mehr zwischen uns.* Das war so ein Satz. Der langsam den Herzschlag beschleunigt, bis es irgendwann rast, das Herz, bis es rast und rast, immer schneller, immer schneller, bis man das Gefühl hat, dass es aus der Bahn fliegen könnte, und beinahe zerspringt. Jeden Tag und jede Nacht. Besonders nachts. *Wir werden in Las Vegas heiraten.* Das war dagegen ein Satz, der fast Erleichterung bringt. Denn Geschmacklosigkeit macht einen erst im zweiten Durchgang hilflos. Nämlich dann, wenn man bemerkt, dass sich der Satz doch nicht einfach ausspucken lässt, wie ein fader Kaugummi, auf dem man schon viel zu lange herumkaut. Wenn man merkt, dass er ganz im Gegenteil größer wird, sich verdoppelt und vervierfacht und immer zäher wird in seiner entsetzlichen Geschmacklosigkeit.

Was wusste Frau Hartmann schon von Geschmack. Oder Gift. Nach zwei Jahren. Was hatte man da schon zusammen überstanden. Zwei Sommer! Wie lächerlich.

»Wissen Sie, wenn Sie zwanzig Jahre verheiratet gewesen wären«, hörte sie sich zu Frau Hartmann sagen, »dann hätten wir einen schönen Spielraum gehabt. Aber so …«

Frau Hartmanns blasse Augen füllten sich mit Tränen. Auch das noch. Weinende Klientinnen machten sie hilflos. Stumm reichte sie ihr die Box mit den Papiertüchern, die sie für solche Fälle bereithielt.

»Ich dachte, es sei für immer«, sagte Frau Hartmann leise und tupfte sich die Augen. »Ich dachte, er sei es.«

Sie zuckte die Achseln und schaute aus dem Fenster, wahrscheinlich direkt in das Taubennest, in dem die Taubenfrau saß und so tat, als ob sie Zweige zurechtzupfen würde.

Ich werde einfach Gift kaufen, dachte sie. Ich werde Gift auf die Fensterbank streuen, und dann werden sie es fressen, diese gierigen, dummen Dinger, und dann werden sie einfach umfallen. Dann sind sie weg. Woher bekam man eigentlich Taubengift? Ob man es in Apotheken kaufen konnte wie Medizin?

»Ich dachte, wir würden Kinder haben«, flüsterte Frau Hartmann, während sie das durchgeweichte Papiertuch knetete. »Und ein Haus mit blauen Fensterläden und einen Garten mit einer Schaukel. Einen Sandkasten, in dem bunte Förmchen herumliegen. Und wenn sie nicht gestorben sind …«

Ihre Klientin lachte kurz auf. Es klang wie ein kleines, hilfloses Husten. »Ich weiß nur nicht, wer gestorben ist, verstehen Sie. Er? Oder ich?«

Ihre Augen trafen sich für einen kurzen Moment, und sie erkannte den ganzen Kummer, dem sie selbst noch nicht entkommen war. Genauso war es. Als ob einer stirbt, und man stirbt mit und lebt doch weiter, und doch war etwas ganz und gar tot und kam nicht wieder. Vielleicht war der Schmerz nach zwei Jahren auch genauso groß wie nach zwanzig Jahren? Das konnte sie doch gar nicht beurteilen. Frau Hartmann allein wusste, wie weh es ihr tat.

»Ich wünschte, ich könnte Ihnen helfen«, sagte sie und merkte, dass sie das ernst meinte. Es überraschte sie fast selbst. Plötzlich war es da, ein kleines Gefühl von Verbundenheit, klein wie ein Bonbon. Ihr war, als hätte sie eines dieser Bonbons im Mund, die es früher beim Bäcker gab. In großen Gläsern standen sie auf der Theke. Ihre Lieblingsbonbons waren die goldenen Nüsse mit dem süßen Kern, der beim Lutschen allmählich zerfiel und auf der Zunge krümelte. Wenn die Bäckerin einen guten Tag hatte, hatte sie eins geschenkt bekommen.

Frau Hartmann lächelte traurig, und sie spürte, dass sie ihr trauriges Lächeln erwiderte. Ja, es war traurig. Sie waren beide traurig. Aber dieser kleine Krümel von Süße, den sie nun spürte, wirkte der Bitterkeit entgegen. Diese Frau Hartmann konnte ja auch nichts dafür, dass sie so schöne Schultern hatte.

»Das *Wir* ist gestorben, nur das. *Sie* leben ja noch. Und irgendwann wird es auch wieder gut.«

Nachdem Frau Hartmann gegangen war und sie ihre

Notizen für die notarielle Vereinbarung im Fall Hartmann gegen Hartmann gemacht hatte, schaute sie wieder dem Taubenpaar zu. Mit schräg gestelltem Kopf begutachteten sie zusammen das hässliche Nest. Sie wirkten zufrieden,

Sollen sie doch brüten, dachte sie. Wenn dieses Nest das ist, was sie glücklich macht. Sollen sie doch.

FLORIAN SCHNEIDER

Reliquien

Und dann erreichten sie endlich das Tal. Der Wander-
weg mündete in einen Friedhof, und auf diesem Friedhof gab es uralte, schiefe Gräber mit verwitterten In-
schriften und Mausoleen aus dem neunzehnten Jahr-
hundert, über denen moosüberwucherte Engel wachten.
Es gab auch einen frischen Aushub, der von einem gift-
grünen Kunstrasenteppich gerahmt wurde. Hinter dem
Friedhof leuchtete in strahlendem Weiß die Kirche,
glücklich und bauchig wie eine Henne. Mit jedem Schritt
fühlte Elli sich sicherer.

Sie betraten die Kirche. Die Luft war kühl, das Licht
gedämpft. Es roch nach Weihrauch und Lilien. Sie waren die einzigen Besucher. Geräuschvoll legte Hendrik
seinen Rucksack ab und zwängte sich in eine Bank.
Auch Elli ließ ihren Rucksack von den Schultern gleiten
und lehnte ihn an den Opferstock. An den Innenseiten
der Bänke waren Blumensträuße angebracht, rote und
blasse Rosen. Für eine Hochzeit, die noch kommen
sollte, oder eine, die schon vorbei war?

Es war die Nachmittagsrast auf ihrer ersten Tagesetappe
gewesen. Die Steine hatten scharfe Kanten, Elli war
mehrfach aufgestanden und hatte einen besseren Platz
auf einem anderen Stein gesucht. Das schwere Schuh-
werk drückte. Hendrik saß schon eine Weile und kramte
in seinem Rucksack. Elli achtete nicht darauf. Sie suchte

selbst etwas. Ihre Trinkflasche. Ihr Aspirin. Hendrik hielt eine Schatulle in der Hand. Als Elli hinsah, ließ er die Schatulle aufspringen. »Hendrik«, sagte sie, und Hendrik erwiderte: »Ist das nicht der perfekte Ort?« Ellis Hände waren heiß und schwer von der Mühe des Aufstiegs, aber der Ring glitt ihr leicht übers Gelenk. »Er ist schön«, sagte sie. Das war alles, was sie sagte. Sie drehte den Ring an ihrem Finger. In Märchen, dachte sie, passiert etwas, wenn man an Ringen dreht. Etwas wird verzaubert, ein Wunder geschieht. Hendrik küsste sie. Die Hütte, die sie heute Abend noch erreichen mussten, schwebte dort oben, viele hundert Höhenmeter entfernt über ihren Köpfen, ein kleines Pünktchen an einem Felsen. Eine Fata Morgana, die sie verhöhnte.

Erst jetzt bemerkte Elli, dass die Blumen an den Kirchenbänken welkten. Hier und da lagen eingerollte Blütenblätter auf dem Boden, sie sah es, als sie die Bankreihen entlangging. Auf dem Fresko unter der Kuppel entfaltete sich ein Drama. Wolkenbänke, auf denen Heilige aufstiegen. Tunnel aus diffusem Licht, an deren Ende es noch heller wurde und noch mehr Menschen zu sehen waren. Auf dem Scheitelpunkt der Kuppel thronte Gott in seiner größtmöglichen Abstraktion: ein Dreieck mit einem im Inneren ruhenden Auge.

Ellis Blick ging zu einem Engel, den der Künstler an der unteren Bildhälfte gemalt hatte, nahe des Kuppelrands. Der Engel war stark, er hatte den massigen Körper eines Athleten unter einer strengen, weißen Toga. Aber seine Gesichtszüge waren sanft. Scheinbar ohne Anstrengung hielt er einen Mühlstein in den Händen und ließ ihn auf den Höllenschlund hinab, dessen Glut über die ganze linke Bildhälfte züngelte. Sah er hinunter? Sah er die Gesichter der Verdammten, die im nächsten Moment für immer von den Glückseligen des Himmels getrennt würden? Ellis Blick blieb lange bei dem Engel. So lange, bis ihr der Nacken schmerzte. Ein Vogel tschilpte. Sie sog den Duft der Lilien ein.

Sie hatten leblose Geröllhalden durchschritten, über Gesteinsbrocken, die mit jedem Schritt kippelten. Für Elli fühlte es sich an, als hätten sie die Erde verlassen und würden Kraterlandschaften auf dem Mond durchmessen. Sie sah Hendriks Rucksack vor sich auf und ab wippen. Sie konnte keine Schönheit in der Landschaft entdecken. Stundenlang nahm sie nur ein einziges Geräusch wahr, ein merkwürdiges Pfeifen. Als würden Kinder ihnen folgen und zum Spaß in heisere Trillerpfeifen pusten. »Murmeltiere«, sagte Hendrik. »Sie sind frech. Sie stehlen das Brot aus dem Rucksack.«

»Sie lachen uns aus«, sagte Elli.

Abends in den Hütten saßen sie an schweren Tischen mit groben Karotüchern darauf, ein Salzstreuer, ein Pfefferstreuer und ein Fässchen mit Zahnstochern in der Mitte.

Ellis Füße schmerzten, selbst ohne diese furchtbaren Schuhe. Meistens schwieg sie, während Hendrik seine biederen Gespräche mit den Wirten und den Wandernden von den Nachbartischen führte. Wenigstens hatte sie Hunger. Der Hunger war die einzige Empfindung, der sie traute, hier oben auf dreieinhalbtausend Metern über Normalnull. Dem Hunger und dem kindlichen Trost, den ihr die dampfenden Teller mit Brühe und Kochfleisch bereiteten. Auf ihrer dritten Hütte sagte Hendrik: »Du sollst nicht nur essen. Auch Trinken gehört dazu«, und ohne ihre Antwort abzuwarten, rief er den Wirt und bestellte begeistert Zirbengeist, den er auf der laminierten Karte entdeckt hatte. »Zirbengeist, den musst du probieren«, sagte er. »Sie machen ihn aus den Zapfen der Zirbelkiefer, das ist der letzte Baum vor der Baumgrenze.«

Elli hörte die Begeisterung aus seiner Stimme; eine Begeisterung, die sie kannte und wohl einmal mochte, früher und in ganz anderen Zusammenhängen. Aber sie wollte keinen Schnaps, sie schnupperte nur an dem kleinen Gläschen, das der Wirt vor ihr auf den Tisch gestellt hatte. Das Glas war randvoll, der Schnaps roch fremd und irgendwie bedrohlich. Hendriks Augen glimmten.

»Ich möchte wirklich nicht«, sagte sie noch einmal, und Hendrik leerte beide Gläser, er kippte sie rasch hintereinander runter, als sei das eine ihm auferlegte Pflicht. Von der Seite sah sie das Spiel seiner Kiefermuskeln, und instinktiv ahnte sie, was kommen würde, und erschrak trotzdem, als er sie fragte: »Wo hast du den Ring?«

Sie schlief schlecht. Weit vor Sonnenaufgang wurde sie wach und fror in dem dünnen Hüttenschlafsack. An manchen dieser Morgen wollte sie weinen vor Verzweiflung. Sah sich, in den kalten Waschräumen in dem Spiegel über der Waschbeckenreihe grau und alt, während links und rechts von ihr sich vor Stärke strotzende Menschen den Waschlappen in die Achseln klatschten und es kaum erwarten konnten, den nächsten Gipfel zu erstürmen. Hendrik sagte: »Das mit dem Schlafen wird besser. Dein Körper muss sich erst an die Höhe gewöhnen.«

Sie wollte es glauben. Er legte seine Hand um ihre Schulter und zog sie zu sich heran, seine Funktionsjacke knirschte. Sie ließ es sich gefallen. Vor ihnen lagen die schweigenden Gebirgsketten, schneeüberzogene Gipfel, gleißend leuchtende Gletscherplatten.

»Dort oben«, sagte er und zeigte auf einen fernen Punkt, »da möchte ich hin mit dir.«

Der Morgen ihres letzten Tages in den Bergen hatte klar begonnen, die Luft war seidig und rein. Die Frühsonne, die gerade über den Kamm gestiegen war, hüllte alles in ein rotgoldenes Licht. Noch drei Stunden Abstieg, dann war es vorbei.

Sie waren noch oberhalb der Baumgrenze, aber von ihrem Pfad aus sahen sie bereits die winzigen Tannen und das türkisfarbene Band des Flusses, das sich zwischen steilen Hängen schlängelte wie in der Landschaft einer Modelleisenbahn, als das Wetter plötzlich umschlug. Vom Tal her rollte eine Nebelbank auf sie zu, wie ein Geist, der aus der Flasche entwichen war. Binnen weniger Augenblicke waren Elli und Hendrik von einer grauen Wand umgeben. Hendriks Rucksack wurde zu einem Schemen.

»Du bist zu schnell«, sagte Elli. Sie war sich nicht sicher, ob er sie verstand. Der Nebel verschluckte auch ihre Worte. »Halt an!«, sagte sie. Sie sah jetzt nichts mehr, torkelte, sie war unfähig, sich zu orientieren, auch nur einen Schritt weiterzugehen, die Situation zu verstehen. »Hendrik!«, rief sie, und dann setzte sie sich auf den kahlen Stein. Wartete. Rief noch einmal. Ließ es dann. Schloss die Augen und öffnete sie. Der Nebel verzog sich. Jetzt sah sie ihn wieder. Er war nicht weit von ihr. Vielleicht dreißig, vierzig Meter voraus. Sie stand auf und ging auf ihn zu. Seltsam klar und scharf trat er aus den Nebelschwaden hervor. Seine Schirmkappe saß schief, das Haar klebte ihm an den Schläfen. Nebeltropfen und Schweiß liefen ihm von der Stirn.

»Was ist?«, sagte er. »Ich will raus aus diesem Loch, und du trödelst.«

Sein Gesicht war hart wie Stein.

Hendrik hatte die Augen geschlossen in seiner Bank. Er konnte überall schlafen. Es war sein Talent, seine Gabe. Elli beneidete ihn darum. Er hielt die Arme vor dem Bauch verschränkt, seine langen, kräftigen Beine hatte er unter der Vorderbank ausgestreckt. Hinterher würde er wieder behaupten, nicht geschlafen, sondern nachgedacht zu haben. »Worüber denn?« Das hat Elli ihn früher manchmal gefragt, wenn sie in Museen waren, in Kirchen, in Konzerten, an Orten und zu Anlässen, die ihr wichtig waren. Ja, worüber denn? Es hätte sie schon interessiert. »Über dies und das«, war meist seine Antwort gewesen. »Nichts Wichtiges.«

Irgendwann hatte Elli aufgehört, diese Frage zu stellen.

Ein Glassarkophag unter einem der Seitenaltäre. Eine Tote blickte Elli an, aus hohlen Augen, Haare klebten an dem Schädel, dünne, blonde Strähnen, fein wie Spinnenweb. Die Zähne, ein vollständiges Gebiss, zu groß für den Rest des kleinen Köpfchens, ein winziger, eingefallener Leichnam in einem perlenbesetzten, zu weiten Kleid. Wie eine Puppe, unbeholfen von einem Kind angezogen in einem mit Seide ausgeschlagenem Totenbett. Es gab eine kleine, goldgerahmte Tafel, und Elli las die vergilbte Fraktur. *Reliquien der heiligen C., Jungfrau und Märtyrerin aus dem alten Rom.* Elli überflog den Text. Die historischen Erklärungen, die alte Schrift ermüdeten sie, sie spürte eine Unruhe, las schließlich nur noch den letzten Satz, der mit einem Ausrufungszeichen endete: *Denn meine Heiligen werden die Verwesung nicht schauen!*

Was für ein seltsamer Gedanke. Tot zu sein und nicht zu verwesen. Elli ließ den Glassarkophag hinter sich. Ganz leicht waren ihre Schritte, trotz der schweren

Bergschuhe, sie staunte über ihre plötzliche Beweglichkeit, ihre Anmut. Sie ging leise, bedacht darauf, kein Geräusch zu machen. Sie ging an Hendriks Bank vorbei, er zuckte kurz, und sie hatte erwartet, er würde jetzt die Augen aufmachen, und dann wäre alles anders, aber er schlief weiter, sie nahm ihren Rucksack, und wie in einem Märchen fast öffnete sich die schwere Kirchentür ohne das geringste Geräusch. Den Ring hatte sie bereits heute Morgen in eines der vielen Fächer seines Rucksacks gesteckt und ganz nach unten geschoben, und jetzt war sie stolz auf sich und über so viel Weitsicht.

MARLIES FERBER

Kratzer im Lack

Unfassbar! Ein hässlicher Kratzer im nagelneuen Lack!
Die Überstunden von vier Jahren stecken in der kleinen
Fiat 500 Cabrio. Nicht der, sondern die Fiat. Sie ist ein
Mädchen, in Eisdielen-Mintgrün mit schwarzem Verdeck. Mein Mann und ich lieben Italien, und wir haben
lange mit ihr geliebäugelt. Eigentlich war es ja unver-
nünftig, ich arbeite bei einem VW-Händler, komme
günstig an deutsche Autoqualität. Andererseits – die
besten Entscheidungen, die, die einen glücklich machen,
trifft man aus dem Bauch heraus. Ciao, Bella! Als wir sie
heimholten zu uns, war das schon ein Vorgeschmack auf
den kommenden Urlaub, wenn wir unbeschwert mit ihr
um den Lago Maggiore brausen würden, die Sonne auf
der Haut und den milden Fahrtwind in den Haaren.
Schnulzige italienische Fünfzigerjahre-Lieder wie »Nel
blu dipinto di blu« werden wir hören, in kleinen Sehn-
suchtsorten wie Luino oder Cannobio frühmorgens vor
einer Bar parken, unseren Espresso schlürfen, hinaus-
schauen und sie liebevoll betrachten, wie sie da in der
Morgensonne vor dem glitzernden See auf uns wartet,
und uns auf die nächste Etappe freuen. Eine vergleichs-
weise bescheidene Freude, natürlich. Wir sind nicht
reich, aber wir arbeiten und haben unser Auskommen
und freuen uns, dass ein bisschen was für den einen oder
anderen Wunsch, für eine Extraportion Luxus übrig
bleibt. So geht es allen hier. Der eine leistet sich mal ein

neues Auto, der Nächste baut sich eine Außenküche oder einen Pool für die Kinder. Neid und Missgunst, dachte ich immer, sind kein Thema.

Vor zehn Jahren sind wir ins Kirschblütendorf gezogen. Kirschbäume wurden gepflanzt, als das Ackerland am Stadtrand zu Bauland gemacht wurde. Viele Straßen sind nach Schriftstellern benannt, wir selbst wohnen im Astrid-Lindgren-Weg. Es gibt lauter Einfamilienhäuser hier, einen Sportplatz, einen kleinen Park, zwei Spielplätze, und wir waren mit die Ersten, die ein Grundstück kauften. Ein ansprechendes Viertel mit netten Nachbarn versprach es zu werden, ruhig, durch einen hohen, begrünten Erdwall von der Landstraße getrennt, eine Heimat mit Villa-Kunterbunt-Esprit, im April in das Rosarot der üppig blühenden Kirschbäume getaucht. Mein Mann und ich fühlten uns von Anfang an wohl hier. Man lernt sich schnell kennen in einem Neubaugebiet. Gleich nach dem Einzug kommen die Sandkästen, Schaukel- und Klettergerüste, von den Hausherren stolz selbst aufgebaut und einzementiert, oft helfen auch die Nachbarn von rechts und links. Dann wachsen die Sträucher und Hecken und Bäumchen, festgebunden an geraden Stöcken. Es wurde von Jahr zu Jahr grüner hier, und ich habe mir immer eingebildet, alle fühlten sich so wohl wie wir und beobachteten das Wachsen und Werden mit Freude. Nachbarn lernen sich über das Hausbau-Fachsimpeln kennen, kommen sich näher, laden sich gegenseitig ein, die Kinder freunden sich an. Es gibt auch eine Seniorenresidenz. Mein Mann arbeitet dort als Pfleger. Felix gehört zu den wenigen hier, die morgens nicht in ihr Auto steigen, um zur Arbeit zu fahren. Einen Aldi und einen Rewe haben wir auch, und ein paar Schritte weiter, im alten Kern der Vorstadt, gibt es die Apotheke, den Bäcker, Kiosk, die Grundschule, den Kindergarten und so weiter. Alles da für ein friedliches Leben in der Gemeinschaft der Generationen. Doch man sieht den Leuten nur vor den Kopf. Es kann der Beste nicht in Frieden leben, wenn es dem bösen Nachbarn nicht gefällt.

Ich habe in unserem alten VW übernachtet. Ich will wissen, wer das war und warum: im Alkoholrausch entfesselte Gewalt? Wut auf die Welt? Wer ist zu so etwas imstande? Wer so perfide und gemein? Will da einer Misstrauen säen unter den Nachbarn? Hat er seine perverse Freude daran, wenn alle sich plötzlich gegenseitig verdächtigen? Wie krank und böse kann man sein? Waren es Jugendliche – inzwischen sind die meisten kleinen Kirschblütendörfler zu Teenagern mutiert, die auf ihren Mopeds durch die Straßen knattern oder sich abends zum Trinken auf dem Spielplatz zusammenrotten.

Vierzig Autos wurden in der letzten Nacht in unserem Viertel zerkratzt. Ist das zu fassen? Die reine Lust daran, anderen etwas kaputt zu machen. Wer hat so viel Hass in sich? Und meine kleine Fiat war unter den Opfern. Ein langer, hässlicher Kratzer, quer übers Heck, direkt über der Stoßstange. Ausgerechnet gestern stand sie nicht in der Garage. Wenn ich das gewusst hätte. Aber wer ahnt das denn? Anja aus der Nachbarschafts-WhatsApp-Gruppe hat eine Andeutung gemacht: Weiter hinten lebe eine neue Familie, da scheine es Probleme zu geben. Unübersichtlich viele Kinder, immer Lärm und Geschrei, offensichtlich überforderte Eltern. Ein paarmal sei schon die Polizei da gewesen, meinte sie, und wohl auch das Jugendamt.

Natürlich haben wir die Polizei gerufen, aber passiert ist nichts. Denn niemand hat etwas gesehen. Und zerkratzte Autos sind nichts, weswegen die Polizei sich nachts auf die Lauer legen würde. Thomas von gegenüber textete in die Gruppe, wir sollten uns keine Sorgen machen, er werde die Sache in die Hand nehmen. Felix war froh, denn er hat heute Nachtdienst. Aber von wegen Thomas macht das schon. Alles leeres Gerede! Gestern Abend habe ich gesehen, wie Thomas und Anne abends fernschauten, dann die Weinflasche und das Knabberzeug wegräumten und ins Bett gingen. Annes Auto steht genauso allein und verlassen vor dem Haus wie gestern. Wahrscheinlich ist es ihnen egal, ihr Auto ist sowieso alt und Anne keine Einparkkünstlerin, auf eine Schramme mehr oder weniger kommt es da nicht an. Vielleicht denken die beiden auch, dass das eine einmalige Sache war? Sie täuschen sich, das habe ich im Gefühl. Da passiert noch mehr. Deshalb habe ich spätabends noch unseren alten VW genau dorthin gestellt, wo gestern die Fiat stand. Man kann die Sitze ganz nach hinten drehen und eigentlich ganz gut schlafen. Aber ich bin zu aufgeregt. Jetzt ist es schon fünf, es wird langsam hell. Das Handy für die 110 liegt neben mir. Ein Pfefferspray habe ich auch. Zur Not, wer weiß, wie viele, wie gewaltbereit oder alkoholisiert die sind.

Da. Plötzlich höre ich es. Ein leises Kratzen, und ich bin hellwach. Ich richte mich im Auto auf, taste nach dem Handy, schaue vorsichtig von unten in den Rückspiegel, damit ich nicht entdeckt werde, und sehe – einen alten Mann! Er geht weiter, hat einen kleinen Hund dabei, einen West Highland Terrier. Den kenne ich doch! Der wohnt neben der Kirschblütenresidenz, in einer der seniorengerechten Wohnungen. Selbstständiges, barrierefreies Wohnen, und wenn das mit der Selbstständigkeit nicht mehr so klappt, kann man den Rundum-Sorglos-Service von nebenan dazubuchen. Er und seine Frau sitzen oft auf dem Balkon an der Ecke, trinken Kaffee oder dösen vor sich hin. Ein Pärchen wie Philemon und Baucis. Ich sehe dem Greis nach, wie er langsam weitergeht, und kann es nicht fassen. Vielleicht habe ich mich geirrt, und ein Vogel war auf dem Dach gelandet, das gab das kratzende Geräusch, und er ist nur zufällig in diesem Augenblick vorbeigeschlichen? Leise steige ich aus und schaue mir das Auto an. Er hat es tatsächlich getan. Ein neuer, hässlicher Kratzer nun auch auf dem VW. Der Alte nimmt sich gerade das Auto der Nachbarn vor. Unglaublich. Beim harmlosen Gassigehen! Alter schützt vor Bosheit nicht. Er weiß genau, der miese alte Sack, dass niemand ihn verdächtigt. Ich greife zum Handy, will die 110 wählen, halte inne. Er wird alles abstreiten, ich brauche einen Beweis. Schnell schalte ich das Handy auf Kamerafunktion, schleiche hinter ihm her. Der Hund bemerkt mich, der Alte auch.

»Guten Morgen!«, ruft er mir zu. Aufgeräumt, fast fröhlich.

Er hat überhaupt kein schlechtes Gewissen. Er denkt, ich hätte es nicht gesehen. Könnte ihm nichts. Er ist sich so sicher. Und ich merke, wie die Wut über mich kommt wie ein Gewitter. Ich zwinge sie nieder, erwidere den Gruß nicht, gehe ruhig zurück zum Auto. Beim Anlassen spiele ich mit dem Gedanken, den Wagen rachedurstig aufbrüllen zu lassen wie ein verletztes Tier, beherrsche mich aber, warte und schaue. Der Mann zerkratzt jetzt keine Autos mehr, natürlich nicht, er ist ja nicht blöd und wird ahnen, dass ich ihn beobachte. Leise lasse ich den Golf an, hole den Mann ein und lasse die Fensterscheibe herunter.

»Steigen Sie ein«, sage ich. Nichts weiter, nur dieser Befehl, der »Ich weiß Bescheid!« heißt.

Er scheint zu überlegen, welche Optionen er hat, dann steigt er tatsächlich ein, ganz ohne Diskussion. Ertappt auf frischer Tat! Vielleicht hofft er, mich milde zu stimmen? Mich von einer Anzeige abbringen zu können? Da hat er sich geschnitten. Er nimmt seinen Hund auf den Schoß und schnallt sich an. Schweigend fahren wir Richtung Stadt, automatisch nehme ich meinen Weg zur Arbeit. Wo ist überhaupt die nächste Polizeidienststelle? Die Gedanken gehen durcheinander, ich bin so voller Wut und Empörung, dass ich keinen klaren Gedanken fassen kann. Was, wenn der einfach alles abstreitet? Ich habe immer noch keinen Beweis. Noch nicht mal ein Foto. Ich brauche einen ruhigen Ort. Wir kommen am See vorbei, er hat einen Parkplatz. Dort ist es ruhig, da werde ich ihn zur Rede stellen. Als ich den Motor ausmache, steigt er sofort aus mit seinem Hund. Ich bin überrumpelt, stelle noch schnell die Parkscheibe ein, folge ihm, umklammere in der Manteltasche das Pfefferspray. Er marschiert seelenruhig Richtung See. Will der mich verarschen? Am Uferweg angekommen, kackt sein Köter erst mal auf die Wiese. Der Mann lächelt stolz, zieht eine kleine Tüte aus seiner Manteltasche, nimmt das Häufchen und packt es säuberlich ein. Dann macht er einen ordentlichen Knoten in die Tüte, geht ein paar Schritte zu einem Mülleimer und lässt die Scheiße verschwinden.

»Das mache ich immer sofort«, bemerkt er. »Man will ja keinen Ärger.«

»Ach was«, sage ich.

Er rückt seine Schirmmütze zurecht. »Solche Sachen muss man sofort machen, sonst vergisst man es. Und dann regen sich die Leute auf. Ist ja verständlich. Ich trete auch nicht gern in Hundehäufchen.«

Bemerkenswert, dieses Einfühlungsvermögen, diese Rücksichtnahme. »Ja, so ist das«, sage ich. Meine Stimme klingt ungewohnt dunkel. »Was du nicht willst, was man dir tu, das füg auch keinem anderen zu.«

Er scheint eine Reaktion nicht für nötig zu halten, geht zum Uferweg, dreht sich halb zu mir um: »Kommen Sie ein paar Schritte mit am See entlang? Ich war lange schon nicht mehr hier.«

Aha, denke ich, wie dreist ist das denn? Jetzt versucht er die Harmloser-alter-Mann-Nummer durchzuziehen. Ich gehe neben ihm her, und er fängt an, über seinen Hund zu plaudern, als wäre nichts. Schnitzel heißt er und ist acht Jahre alt, sagt er. Schnitzel mag gern Bananen, Pommes frites und – wer hätte es gedacht – Schnitzel. Der Köter schläft bei seiner Frau im Bett, erfahre ich. Wie überaus interessant. Im Morgengrauen mache er jeden Tag mit Schnitzel seine Runde, schwatzt er unverdrossen weiter. Schnitzel würde ihn wecken, sobald die Vögel mit ihrem Morgenkonzert beginnen.

»Dann ist es am schönsten. Alle schlafen noch, alles ist an seinem Platz. Man kann in Ruhe seinen Gedanken nachgehen.«

Ich bleibe abrupt stehen. »Ja«, sage ich leise. »Und deinem perfiden, feigen Hobby, du bösartiger alter Mann.«

Der Hund bleibt auch stehen, er schaut zu mir hoch und knurrt. Der knurrt mich an! Der Mann bückt sich schwerfällig und streichelt dem Köter über den Kopf. »Na, na, Schnitzelchen. Niemand tut dir was, hör auf zu knurren.« Er hat anscheinend nicht gehört, was ich gesagt habe, und lächelt mir entschuldigend zu. »Weiß nicht, was er auf einmal hat. Das macht er sonst nie.«

Er geht weiter. Ich folge ihm, schätze die Gefahrenlage ein. Tagsüber ist immer etwas los am See, doch jetzt, in der Morgendämmerung, sind noch nicht einmal Jogger unterwegs. Kein Mensch hier, außer uns. Ich werde es ihm auf den Kopf zusagen. Doch was, wenn der ausrastet und mich einfach in den See stößt? Ich hab früher

Jiu-Jitsu gemacht. Nein, wenn hier einer den anderen in den See schubst, dann bin ich das, verdammt. Bei dem Köter würde schon ein gezielter Tritt genügen. Bei ihm eigentlich auch.

»Warum haben Sie das gemacht?« Er wendet mir sein faltiges Gesicht zu. Dieser leere Gesichtsausdruck. Das perfekte Unschuldslamm.

»Was meinen Sie?«

Mein Handy meldet eine ankommende WhatsApp. Ich ziehe es aus der Manteltasche, die WhatsApp kommt von Thomas. »Heureka!«, steht da. »Erwischt, mit meiner Dashcam im Auto!« Anbei ein Filmchen, es zeigt den Alten und den Köter von hinten, sie gehen langsam vom Auto weg, aufs nächste Auto zu, und dann sieht man, wie er sich ein wenig bückt und kratzt.

Der Alte ist inzwischen zügig weitergegangen mit seinem Hund. Bald werden sie das Waldstück erreicht haben, dort, wo die Brückenpfeiler hinauffragen und hoch über dem See die Autos rasen. Ich folge ihm mit einigem Abstand, bis die Bäume uns vor Blicken schützen, dann hole ich ihn mit schnellen Schritten ein, halte ihm mein Handy vor die Nase. »Das hier meine ich.«

Er blinzelt, während er die Filmsequenz ansieht. »Was ist das?« Blinzelt wieder. »Ist das Schnitzel?«

»Ja«, sage ich. »Und Sie, wie Sie Autos zerkratzen.«

Er sagt nichts, blinzelt nur wieder. Anscheinend überlegt er, wie er den Hals aus der Schlinge ziehen kann, doch ihm fällt nichts ein.

»Warum haben Sie das gemacht?«, wiederhole ich meine Frage von eben. Meine Stimme klingt wieder unnatürlich dunkel, im Gaumen habe ich den Geschmack von Magensäure. Plötzlich hört er auf zu blinzeln, sieht mir in die Augen und verzieht das Gesicht zu einem Grinsen.

»Hab mir den Weg markiert.«

Mir bleibt die Luft weg vor so viel Dreistigkeit. Die Hand in meiner Tasche umkrampft das Pfefferspray. Der See ist tief hier. In diesem Moment meldet mein Handy ein ganzes Feuerwerk von eingehenden WhatsApps. Allesamt aus der Nachbarschaftsgruppe, Reaktionen auf das Überführungsvideo. »Ich weiß, wer das ist!« – »Den Köter kenne ich!« – »Gut gemacht, Thomas!« – »Made my day, Tommi!« – »Dem müsste man mal was ganz anderes zerkratzen!« – »Wow, der hat verschissen hier, oder?« – »Aber so was von!« – »Hat der sie nicht mehr alle?« – »Sozialer Selbstmord!« – »Der kann sich nichts mehr begucken!« – »Hätte Lust, mir den Hund vorzunehmen!« – »Bist du bekloppt, was kann das Tier für das Arschloch am anderen Ende der Leine!« – »Hoffentlich stirbt der bald an seiner Bösartigkeit.« – »Dann zerkratzen wir ihm den Grabstein!« – »Demnächst auf der Straße: Ich bremse nicht für Arschgeigen.« – »Ob der das auch noch lustig findet, wenn morgen sein Hund 'nen Giftköder frisst!« – »Wie gesagt, lasst den Hund aus dem Spiel, der Typ ist der Arsch!«

Ich sehe die immer weiter eingehenden WhatsApps mit den vielen hochgereckten Daumen, Zorn- und Galgen-Emojis, Blitzen und Totenköpfen dazwischen. Da kommt eine WhatsApp von Felix. Nicht in die Gruppe, sondern direkt zu mir.

»Hi, bin gerade nach Hause gekommen. Wo bist du?«

Ich will antworten, da sehe ich, dass wieder eine Nachricht in der Nachbarschaftsgruppe eingegangen ist. Sie ist von Felix.

»Der Mann ist dement.«

Er ist dement!

»Spazieren«, schreibe ich an Felix zurück. Ich brauche lange für das eine Wort, meine Hand zittert.

»Hast du den Gruppen-Chat gelesen?«, schreibt er. »Unheimlich, oder? Und alles das wegen KRATZERN IM LACK!«

Ich sehe den alten Mann mit seinem Hund weiterziehen, setze mich ans Ufer und weine und kann nicht mehr aufhören.

Und dann irgendwann sitzt der Hund plötzlich neben mir, und eine Hand legt sich mitfühlend auf meine Schulter.

»Haben Sie sich verlaufen?«

DONNA DAPONTE

Das Pseudonym

Meine Lektorin hatte schlechte Neuigkeiten: Mein letztes Buch habe wider Erwarten wie Blei in den Buchhandlungen gelegen. Und nun befürchte man, dass mein Name bei den Buchhändlern beim nächsten Titel – nun, eher nicht mehr so gut zöge. Erst einmal.

Ich schluckte.

Aber, sagte sie, das sei gar kein Problem, dann könne man ja mit einem Pseudonym arbeiten. Ein neuer Name, ein neuer Anfang. Die Tafel, gezeichnet vom Versagen des letzten Titels im Markt, frisch gewischt.

Viele Autoren haben heutzutage ein Pseudonym. Die eine will in einem anderen Genre reüssieren, der andere in einem Konkurrenzverlag. Oder das, was er oder sie schreibt, ist delikat. Wer will schon gern als Autorin von deftiger Erotik-Literatur auf einer Party verschwörerisch angezwinkert werden? Auch ich hatte schon ein Pseudonym, als gleichzeitig zu meinem ersten Roman auch ein Band mit Kasperle-Theaterstücken herauskam. Nicht dass mir der Kasper peinlich gewesen wäre. Was waren Kasperlestücke anderes als kleine Dramen? Sozusagen Shakespeare runtergebrochen auf »Seid-ihr-alle-da«-Publikum. Aber gleichzeitig mit einem Kriminalroman für Erwachsene und mit Tri-Tra-Trullala rauszukommen, erschien mir marketingtechnisch als nicht so klug.

Auch jetzt ging es ganz klar wieder ums Marketing:

ein neuer Name, ein neuer Anfang. Zugegeben, die Vorstellung lockte mich schon, sich selbst den Namen geben, den man immer schon haben wollte, endlich so heißen, wie man im Innersten vielleicht immer schon war: Warum nicht nach den Sternen greifen, das alte Ich abstreifen und einen klingenden, geheimnisvollen, jugendlichen, hemmungslos eitlen und mega-erfolgreichen Namen kapern? Ich überlegte eine Weile, dann griff ich verträumt zur Feder und signierte den vor mir liegenden Schreibblock schwungvoll mit *Donna de Winter*. Ja, das war echte Freiheit der Kunst, das war Leben als Künstlerin! Aufgeregt machte ich ein Foto meines »Donna-de-Winter-Gemäldes« und schickte es in die Family-WhatsApp-Gruppe: *Schaut mal, wie findet ihr mein neues Pseudonym?*

Mein Mann reagierte als Erster. *Donna de Winter? Dein Ernst?*

Donna de Winter?, schrieb unser Sohn. *Etwas prätentiös, oder? Warum nicht direkt Valentina McSchreibgut?*

Ha, dachte ich, wenigstens weiß Valentina McSchreibgut, wie man prätentiös schreibt. In die Family-Gruppe tippte ich: *Hey, Leute, mal ernsthaft, ich brauche ein Pseudonym. Irgendwas, das richtig gut klingt, leicht zu buchstabieren und zu behalten ist und nicht ausgedacht klingt. Nette Assoziationen. Sommer oder so. Und den nicht schon tausend andere Leute haben. Der auch auf Englisch gut klingt.* Den letzten Satz löschte ich wieder, weil ich vor meinem geistigen Auge das breite Grinsen auf allen Familiengesichtern vor mir sah: *Ach ja, falls es ein internationaler Bestseller wird, schon klar.*

Juli, schlug unser Sohn vor. *Schöner Vorname. Sommer-Assoziation, macht dich zwanzig Jahre jünger.*

Danke, tippte ich, nur mäßig dankbar.

Mey, schlug unsere Tochter vor. *Schöner Nachname, Frühling, und du magst doch Reinhard Mey.*

Ich war begeistert. *Juli Mey, ihr seid genial!*, tippte ich. Das war ja überraschend leicht gewesen.

Mein Mann schickte zuerst nur einen Tränenlach-Emoji. Ich schickte ihm ein Fragezeichen. Was gab es da zu meckern?

Juli oder Mai – entscheide dich für einen Monat.

Wenn sie beide schön sind, schrieb ich trotzig zurück.

Marina ist ein schöner Vorname, textete unsere Tochter. *Da schwingt Sommer und Jachthafen mit.*

Marina Mey, super!, tippte ich mitsamt Kuss-Emoji.

Eine Weile kam nichts, dann eine WhatsApp von unserem Sohn. *Klingt wie Fred Frosch.*

Erneut kamen ein paar Lachtränen von meinem Mann – und von unserer Tochter, dann eine ziemlich lange Reihe von kreativen Alliterationen: *Emil Esel Heide Hirsch, Gisela Giraffe, Roman Rausch, Beate Blockade …*

Entnervt legte ich das Handy weg. Nach einer Weile rief mein Mann an.

»Du könntest dir einen männlichen Namen geben«, schlug er vor.

»Würde dir so passen.«

»Haben Frauen früher häufig gemacht. Flannery Finnegan zum Beispiel. Die hieß eigentlich Ellen Flannery Finnegan. Sie hat einfach Ellen weggelassen, und da dachten die Leute, Flannery wäre ihr Vorname.«

»Ich habe aber keine drei Namen, von denen ich einen weglassen könnte«, sagte ich missmutig. »Außerdem brauche ich einen ganz anderen Namen.«

»Was ist mit den Namen in der Verwandtschaft?

»Mütterlicherseits schon für mein Kasperle-Pseudonym verwurstet. Die andere Linie ist zu – schlüpfrig.

»Wieso?«, fragte er plötzlich sehr interessiert.

»H – Ö – S – C – H – E – N«, buchstabierte ich. Schreib das mal auf, und dann lies.

»Hös-chen.« Er war begeistert. »Dazu Uschi oder Lolita oder Emanuelle! Da fallen einem doch wie von selbst Titel für Liebesromane ein …«

Ich schwieg und wartete, bis er mit seiner Aufzählung von immer neuen Titeln fertig war.

Er räusperte sich. »Und väterlicherseits?«

»Zu abstoßend.«

»Ach, wie denn?«, hakte er nach.

»Mein Urgroßvater war Schlächter. Und so hieß er auch.«

Er lachte. »Perfekt! Wechsel doch einfach das Genre, und schreib Horrorromane. Dazu ein Vorname wie Ivar, Urs oder Gandolf …«

»Sehr witzig. Man sucht sich doch nicht aus, was man schreibt. Man schreibt das, was in einem ist. Und ich schreibe, wie du weißt, heitere Romane mit ein bisschen Tiefgang.«

»Ein bisschen Tiefgang«, wiederholte er, und ich wusste, dass er dabei grinste.

»Ein bisschen Tiefgang«, beharrte ich würdevoll. »Meine Geschichten sollen für die Leser wie eine schöne Wanderung sein. Zuweilen führt sie auch an einen Abgrund. Aber es gibt eine Brücke. Und die stürzt nicht ein und reißt den Wanderer in die Tiefe, im Unterschied zu …«

»Schon klar, Kafka«, sagte er. Wir schwiegen eine Weile. Dann rief er plötzlich: »Ich hab's: Franziska Daponte. Franziska wegen deinem Franz und Daponte von wegen Brücke!«

»Wenn das nicht prätentiös ist.«

»Besser als Donna de Winter.«

»Wie findest du Donna Daponte?«, schlug ich vor und biss mir im selben Augenblick auf die Zunge. Ich wartete darauf, dass er »Fred Frosch« sagen würde, aber es kam nichts. »Bist du noch dran?«

»Sehr gut!«, sagte er, ein wenig abgelenkt. Im Hintergrund hörte ich Tippen auf der Tastatur. »Donna Daponte, das ist doch prima, wenn er dir gefällt.«

»Hallo, was ist das für ein Geräusch?«, fragte ich. »Schreibst du etwa gerade eine Mail oder so was, während wir telefonieren?«

Das Tipp-Geräusch hörte auf. »Donna Daponte, das hat doch was. Kräftig und einprägsam. Donna wie Donner, und Daponte von wegen Brücke und so.«

»Und die Alliteration? Fred Frosch? Doris Dorsch? Bert Bär? Stört dich nicht mehr?«

»Nö. War doch nur Spaß.« Wieder Tippen auf der Tastatur.

Wir beendeten das Gespräch, und ich textete in die Familien-Gruppe: *Heureka: Donna Daponte!*

Es kam einen halben Tag nichts, einen Tag nichts, zwei Tage nichts. Ha, zu Donna Daponte fiel ihnen wohl nichts ein! Beflügelt teilte ich dem Verlag mein neues Pseudonym mit. Diesen Namen, der den familiären Lästersturm und Witzhagel überstanden hatte, der von Esprit und zugleich himmlischer Leichtigkeit zeugte und, ja, von geradezu kafkaeskem Tiefgang. Weiblich, weltoffen, wunderbar. Mein phönixgleiches, unverwechselbares Autorinnen-Ich. Donna Daponte. Meine neue Brücke zum Buchhandel.

Am Abend des dritten Tages gab es zwei neue Tränenlach-Emojis und Nachrichten in der Family-Gruppe:

Goldie Gate
Wanda Wölkchen

Ich überlegte kurz, dann schaltete ich den PC an und tippte das Exposé für meinen nächsten Roman.

Arbeitstitel: Goldie Gate

Untertitel: Das Wanderwölkchen

Ein heiterer Roman mit Nieselschauern von Donna Daponte.

JESS JOCHIMSEN

Das Klassentreffen

Vor einigen Jahren erhielt ich Post von meiner alten Schule. Gott im Himmel, ein offizielles Schreiben meiner Schule, mit dem Stempel der Wittelsbacher. Verdammt, sie haben mich doch noch drangekriegt, dachte ich, hätte ich den Diercke-Weltatlas doch nicht geklaut!

Das konnte es doch eigentlich nicht sein, jeder hat damals den Diercke-Weltatlas mitgehen lassen, jeder; trotz des gymnasialen Über-Ichs im spätpubertierenden Schädel: »Ja, Frau Lehererin, ja, ich weiß, man sagt ja auch nicht Globusse, der Plural von Atlas lautet Atlanten – aber ich will nur einen klauen.« Hätte ich mal nicht machen sollen. Der Scheißdiercke ist schuld, dass ich heute noch nicht weiß, wo Aserbaidschan und Kirgisien genau liegen. In meinem Atlas befinden sie sich irgendwo inmitten der fetten grünen Fläche, auf der Weltkarte – Süden, Norden, »Nie ohne Seife waschen« – rechts, genau, rechts auf der Karte, Osten. Alles UdSSR damals, und heute noch, im Diercke-Weltatlas.

Und weil ich so ein Feigling war, habe ich nicht etwa den blauen geklaut, nein, einen braunen, den alten, wie wir ihn in der fünften Klasse noch benutzten. Er steht noch heute in meinem Regal, ganz unten, direkt neben den MEW-Bänden, die mir meine Eltern schenkten. Was für eine leckere Welt in meinem Zimmer: Deutschland in den Grenzen von 1937 und daneben Marx und Engels. Renate und Eberhard würden ausrasten.

Im Brief meiner Schule ging es um etwas ganz anderes, um die Einladung zum Klassentreffen. KLASSEN-TREFFEN. Was für ein Erinnerungsflash! Zehn Jahre zuvor hatte ich Abi gemacht. Hey, das musste gefeiert werden. Keine dreißig und schon alt. Veteranentreffen der Erinnerungsbrigade, Oldie-Meeting der »Weißt du noch?«-Junkies – und ich mittendrin.

Das »Orga-Team« des Klassentreffens, die nannten sich wirklich so, das »Orga-Team« hatte alles bis ins Detail geplant. Ein Fragebogen war beigelegt, um den Smalltalk zu minimieren: »Welchen Film hast du als Letztes gesehen? Was wolltest du nach dem Abi werden? Was machst du jetzt?« Meine Hobbys sind Musik, Lesen und Partys. Aber auch was zum Ankreuzen: »Familienstand und Einkommen«. Natürlich habe ich beim Einkommen geschummelt und bei »Familienstand« gab ich »ledig« an. Nur so. Man konnte ja nicht wissen.

Das Orga-Team, das eigentlich nur aus Harald und Astrid Meyer, geborene von Ginten, bestand, hatte wirklich an alles gedacht. Der Nebenraum einer Kneipe war reserviert, treffen aber wollten wir uns an unserer Schule. Und zwar in unserem alten Klassenzimmer. Die perfekte Inszenierung der Vergangenheit, wenn man die frühere Unsicherheit an diesem Ort mal beiseitelässt. Die Mädchen erschienen allesamt im Kostüm und keineswegs schüchtern. Und die Jungs kamen in endlich sitzenden Konfirmationsanzügen und mit diesem Werbespotgrinsen im Gesicht.

»Mein Auto, mein Haus, mein Pferd.« Lauter viel zu große 15-Jährige in ihrem alten Klassenzimmer. Hallo 8 a – und nun Vergangenheit, steh auf!

Wir saßen an unseren alten Schulbänken – Gott, waren die klein –; ich wollte spontan ein paar Bücher aufbauen, damit niemand abschreiben konnte. Die alten

Schulbänke, in die wir damals mit der einzigen Waffe, die uns zur Verfügung stand, dem Zirkelset, für alle Ewigkeit AC/DC einritzten. Ich erkannte sogar meine alte Bank wieder, weil bei AC/DC der Blitz verkehrt rum war. Natürlich war die alte Zeit sofort präsent, was denn sonst. Mir kam die alles entscheidende Frage wieder in den Sinn: Geha oder Pelikan?

Und dies ins Stammbuch, für die Ewigkeit: Pelikan war der Füller für die Turnbeutelvergesser! Hartnäckig hielt sich zwar das Gerücht, Pelikan ließe sich leichter wegkillern. Dazu kann ich nur sagen: Wer wirklich lässig war, der brauchte keinen Tintenkiller! Natürlich gab es auch die ganz Schlauen, die nur noch mit der Schreibseite des Tintenkillers schrieben, wie lässig, nur dass sich das natürlich dann nicht mehr wegkillern ließ. Man musste es ausradieren. Regelrechte Löcher wurden da in die Hefte radiert, mit dem Ratzefummel. Ich habe den Geruch noch heute in der Nase. Der Ratzefummel war die Einstiegs-Schnüffeldroge, speziell die blaue Seite!

Geha war aber auf jeden Fall cooler als Pelikan. Klar, einige benutzten Parker-Füller oder Lamy. Parker war was für die Besserverdienenden, und die Lamy-Schreiber wurden schwul – so war das.

Der große Vorteil des Geha-Füllers war vor allem, dass das Plastikkügelchen in der Tintenpatrone unversehrt blieb, es konnte mühelos mit dem Zirkel entfernt und gesammelt werden. Und dann wiederum mit dem Zirkel ein Loch in die Schulbank geritzt, zum Geodreieck gegriffen und auf zum Tischgolf – herrlich. Erwin Moser, man hätte es ihm nicht angesehen, war der Top-Scorer. Er besaß allerdings auch den geilsten Court. Er hatte nicht nur Löcher, sondern sogar einen Wassergraben ausgehoben und durch feinste Schraffur des Pressspans ein perfektes Grün geschaffen. Inklusive eines Käsefähnchens von Mutters Tupper-Party. Im Golfen war der dicke Erwin unschlagbar.

Die Disziplin, in der ich brillierte, war das Casio-Uhr-Wettpiepsen. Heute ärgern die Kids ihre Lehrer mit Handys und SMS-Verschickungen. Ich finde, wir haben den Unterricht früher kreativer gestört. O ja, jeder besaß eine Casio-Digitaluhr mit Stopp-Funktion, und die piepten, aber hallo! Um die kürzeste Zeit ging's, Start und gleich wieder Stopp. Mein bis heute noch nicht einmal von Harald Meyer zu unterbietender Rekord lag bei vier Hundertstel. Mein Gott, war ich stolz. Gut, SMS ließen sich mit den Uhren keine verschicken, sprachen wir eben miteinander. Und: Es war kein Untergang, wenn einem die Casio abgenommen wurde. Die Zeit stand ohnehin still.

Das durfte doch alles nicht wahr sein, ich war gerade mal zehn Minuten im Kreise meiner alten Mitschüler und schon komplett in einer anderen Zeit. Noch mal zehn Minuten, dachte ich, und ich schwärme wieder für Katja Berger. Schöne Scheiße. Wo war sie eigentlich?

Bevor ich mich richtig umgucken konnte, setzte sich der Tross in Bewegung, zu einem Rundgang durch die Schule. Am Sekretariat vorbei, am Schwarzen Brett und natürlich in die Turnhalle. Scheußliche Erinnerungen das. Meine Fresse, bei meinen Leistungen in Sport hätte ich auch mit Lamy schreiben können. Schlagball nach hinten und für meine Zeiten über hundert Meter hätte sich so mancher Langstreckenläufer in Grund und Boden geschämt. Was habe ich die Mädchen um den Stufenbarren beneidet. Wir Jungs mussten über den Längskasten. Ganz üble Verletzungen waren das, untenrum.

Jetzt sah ich Katja Berger. Hatte sich eigentlich gar nicht so verändert. »Verlagskauffrau« hatte sie in den Fragebogen geschrieben und »ledig«. Strike! Ich versuchte, sie mir im Bett vorzustellen. Sorry, *first cut is the deepest*, die erste Liebe haut am meisten rein. Vor ein paar Jahren rief sie mich mal an, sie sei zufällig in der Stadt, hm, hm, ich hatte keine Zeit. Ob Frauen das auch machen? Den Kalender durchgehen und überlegen, wen man mal wieder anrufen könnte? Männer kennen das: mal wieder eine alte Freundin anrufen, einfach so, und dann hat man einen fremden Typen in der Leitung.

»Nein, tut mir leid, die ist nicht da, meine Frau kommt heute erst spät heim.« Scheiße. Zug abgefahren – vor 15 Jahren.

Katja sah gut aus, keine Frage. Ihr ebenmäßiges Gesicht, die halblangen, dunklen Haare. Wie früher. Ihre Aufmachung – auch wie früher: Sie trug ein unauffälliges, beiges Kleid und eine weiße Strickjacke drüber. So ein Jäckchen mit Strickmuster, ein Romanistik-Studentinnen-Jäckchen. Nicht zwingend sexy, dachte ich. Aber was soll's. Sie lächelte mich an. Heute oder nie …

Die Kneipe, die das Orga-Team des Klassentreffens ausgewählt hatte, war furchtbar. Ein Hinterzimmer mit Hirschgeweihen an der Wand und Pokalen in der Vitrine. Guck an, der ATSV Kirchseeon war 1976 Bezirksmeister. Wow.

Wir nahmen an zwei langen Tafeln Platz – ideal für intime Unterhaltungen. Irgendwer hielt eine Rede. Katja Berger saß mir schräg gegenüber, vier Stühle versetzt; nah genug, dass ich sie ständig anstarren musste, und viel zu weit weg, um ein Gespräch zu führen. Aber nach dem Essen könnte man das ja auflockern, sagte irgendwer. Im gemütlichen Teil. Könnte man. Außerdem hätte einer auch Musik mitgebracht, für nach dem Essen. Hätte er. Für den gemütlichen Teil. Aber erst was essen. Ohne Musik. Man wolle sich ja auch unterhalten. »Es gibt übrigens zwei Menüs. Eins mit Fleisch und eins für, ach, wo wir gerade dabei sind ...« Nachher im gemütlichen Teil sei es ja egal, aber wenn die Raucher jetzt vielleicht ...? Auch wegen dem Essen. Es heißt wegen des Essens. Ha, ha, ha. Deutsch Leistungskurs. Zwei Menüs, wie gesagt. Außerdem hätte man sich ja bestimmt viel zu erzählen. Nach all der Zeit. Und später gäb's dann ja noch Musik. Im gemütlichen Teil. Zum Auflockern. Aber jetzt essen. Musik später – und alte Klassenfotos hätte einer noch dabei, wenn nachher vielleicht jemand? Im gemütlichen Teil.

Es wird ihn nicht geben. Definitiv keinen gemütlichen Teil, nicht hier, nicht heute, nicht im Kreise dieser Menschen. Wer hat uns eigentlich so kaputtgemacht? Wer hat unsere Sprache zerstört? Ich will keinen gemütlichen Teil, Katja, sag doch was!

Ich erinnerte mich, wie ich früher manchmal mit Katja Tischtennis gespielt habe. Im Freibad. Auf der Tischtennisplatte aus Beton, mit dem eisernen Netz. Es war die Zeit, in der es noch uncool war, gegen Mädchen zu verlieren, aber interessant fand man sie dennoch. Seltsam geheimnisvoll. Um sie zu ärgern, schnitt ich die Bälle gelegentlich an, und sie sagte: »Männo! Ohne schnibbeln!« Mein Gott, was für Welten liegen doch zwischen »später, im gemütlichen Teil« und »Männo! Ohne schnibbeln!«.

Ich stocherte lustlos in meinem Essen, schwieg die meiste Zeit und trank. Katja unterhielt sich die ganze Zeit mit Frau Bürmer-Lechler, der Sozialkunde- und Erdkundelehrerin – Master of Diercke-Weltatlas. Das Klassentreffen zog an mir vorüber, Musik gab es natürlich keine, auch nach dem Essen nicht, die Sitzordnung wurde nicht aufgehoben, der gemütliche Teil verlief in Reih und Glied. Ich glotzte Katja an, trank mir den Abend schön und ließ meinem Testosteron freien Lauf. Mit mäßigem Erfolg.

Was mir vor allem auffiel, waren ihre Hände. Verlagskauffrauenhände, dachte ich. Sehr lange und dünne Finger. Und alle zwei Minuten griff sie in ihre Handtasche, ja, eine Yves-Rocher-Imitattasche, und holte eine Weleda-Handcreme heraus, um sich die Hände einzucremen. Alle zwei Minuten! Sie drückte mit der einen Hand einen satten, gelblichen Wurm aus der Tube auf den Rücken der anderen Hand und verrieb ihn mit hastigen Bewegungen. Dann wiederholte sie die Prozedur seitenverkehrt. Als ob sie es für mich täte. Und immer nahm sie viel zu viel von der eklig-dickflüssigen Creme. Weleda, man gönnt sich ja sonst nichts. Rudolf-Steiner-Paste, wie sie auch die Renate benutzt. Das Zeug zog überhaupt nicht ein, und sie manschte schon wieder ein paar Klekse aus der Tube auf ihre Hand. Wie eine Manie, die Hände waren mit einem schmoddrigen Film überzogen. Anthroposophen-Sperma. Ich bemerkte, wie ich mich regelrecht ekelte. Ihr schien es ähnlich zu gehen, denn nach jedem Einreiben zückte sie ein Tempo-Taschentuch und wischte sich damit nervös über die Hände. Dabei blieben kleine Papierfetzen an ihren Fingern hängen, die sich beim abermaligen Cremen auf ihren Handrücken zu bräunlichen Würsten rollten. Und wieder griff sie mit ihren total verklebten Fingern nach einem Taschentuch. Jetzt hingen schon größere Fetzen an ihrer Hand. Sie schien das gar nicht zu bemerken und schmierte erneut Paste auf ihre Finger. Wenn sie so weitermacht, dachte ich, wird sie zur Mumie. Was für ein Schauspiel: die Mumifizierung einer Jugendliebe.

Ich hakte den Abend ab. Die Ersten gingen, sei doch toll gewesen und schön, dass man sich mal wieder gesehen habe, und »wirklich, kein Stück verändert. Bis dann.« In zwei Monaten werde ich dreißig, dachte ich. Und trank weiter.

Auf einmal stand Katja auf. Resolut wischte sie sich ihre Hände an der Strickjacke ab, nahm ihre Tasche, grüßte in die Runde und ging. Aus dem Augenwinkel sah ich sie an der Kasse stehen und zahlen. Vielleicht war ich zu betrunken oder neugierig oder einfach nur geil. Auf jeden Fall erhob ich mich auch und »macht's gut« und »nein, war doch gemütlich« und »ja, bis in zehn Jahren.« Ich beglich ebenfalls meine Rechnung und hastete ins Freie.

Katja schien auf mich gewartet zu haben. Sie stand an einer Straßenlaterne und sagte:

»Komm mit.«

Mannomann, schräger als es ohnehin schon war, konnte es eigentlich nicht mehr werden. Schweigend gingen wir eine Weile in Richtung Gemeindezentrum. Als wir das Freibad passierten, stoppte sie und meinte:

»Ich muss dir etwas sagen, hilfst du mir bitte.«

Sie machte Anstalten, über den Zaun des Bades zu klettern.

»Katja, was soll das? Findest du nicht, dass wir zu alt für so 'nen Scheiß sind?«

Sie hatte den Zaun schon erklommen.

»Und wenn wir erwischt werden?« Sie sagte nur:

»Komm! Ich muss das tun.«

»Fuck, ich fand es früher schon scheiße, ins Freibad einzusteigen.«

»Heute ist aber nicht früher«, sagte sie.

Wie wahr! Was ging hier eigentlich ab? Romeo und Julia gehen ins Wasser? Ein tragischer Unfall ereignete sich gestern in der örtlichen Badeanstalt. Was wollte sie? Die alten Zeiten wiederauferstehen lassen? Mir ihre todtraurige Geschichte erzählen? Das größte Sexabenteuer ihres Lebens, mit Weleda-Creme als Vaselin-Ersatz?

Ich stieg ebenfalls über den Zaun. Katja war in der Zwischenzeit zu den Tischtennisplatten gegangen. Ich setzte mich neben sie auf den Beton. Sie sagte:

»Schon verrückt, hier zu sitzen.«

»Ich find's eigentlich eher kalt.« Sie sagte:

»Ohne schnibbeln.«

Das durfte doch nicht wahr sein. Sie lächelte.

»Weißt du, wann ich mich in dich verliebt habe? Das war hier im Freibad, als ihr Jungs alle auf den Zehner gestiegen seid, um uns zu imponieren. Alle sind gesprungen, nur du bist wieder runtergeklettert. Da habe ich mich in dich verliebt. Aber du hast dich so geschämt, dass du gleich nach Hause gegangen bist. Da wusste ich, das wird nie was mit uns. Dabei«, und das Letzte sagte sie fast unter Tränen, »dabei habe ich mir so gewünscht, dass du es bist, der mir den Rücken eincremt.«

Jetzt heulte ich auch fast, und mir fiel der Satz wieder ein, der damals auf dem Sprungturm kursierte: Bangemachen giltet nicht. Okay. Bangemachen giltet nicht. Ich strich Katja über die Wange, griff nach ihrer Tasche und holte die Creme heraus. Sie zog ihr albernes Jäckchen aus, und ich streifte die Spaghettiträger ihres Kleides zur Seite. Es rutschte nach unten, und ich begann ihr die Schultern einzureiben. So gut es mit dieser Paste eben ging. Ganz sanft massierte ich die Creme in ihre Haut. Sie beugte sich nach vorne, sodass ich nicht an ihre Haare kam. Mit den Händen bedeckte sie ihre Brüste. Ich verrieb die Creme auf ihren Schultern, ihrem Hals, ihrem Rücken. Einmal straffte sich ihr Körper, und sie seufzte kaum hörbar. Ich massierte sie weiter. Irgendwann richtete sie sich auf, streifte die Träger hoch und lächelte mich an.

»Verrückt, nicht?«

Ich zog sie an mich heran und wollte sie küssen, aber

sie legte mir den Finger auf den Mund. Er roch nach Creme. Sie schwieg und blickte zum Becken. Okay, dachte ich, wie du willst. Ich stand auf und ging zum Sprungturm. Langsam kletterte ich die Stufen hinauf, am Dreier vorbei, am Fünfer, am Siebenfünfer. Bis oben. Ich sah zu ihr hinab. Von hier sah sie sehr klein aus, fast zerbrechlich. Ich stand auf dem Zehner, zum zweiten Mal in meinem Leben. Komischerweise dachte ich kurz an meine Eltern, zu denen ich mich damals flüchtete. Wird man die denn nie los? Ich zog die Schuhe aus, die Strümpfe, Hose, Hemd. Die Unterhose behielt ich an, nicht wegen Katja, ich hatte mal von unschönen Verletzungen gehört. Vorsichtig ging ich nach vorne, zum Ende des Bretts, und breitete die Arme aus. Katja rief, und ich wusste nicht, ob als Anfeuerung oder Warnung:

»Männo!«

Ich brüllte, mehr zu mir als zu ihr:

»Bangemachen giltet nicht!«

Und sprang. Kerzengerade, mit den Füßen nach unten flog ich und tauchte ein. Meine Füße schmerzten ein wenig, aber das war es wert. O ja, das war es. Ich schwamm an den Beckenrand, stieg aus dem Wasser und ging zur Tischtennisplatte.

Katja war fort. Ich sah mich um, rief ihren Namen, nichts. Lediglich ihre Taschentücher und die halbleere Weleda-Tube lagen noch dort.

So musste das wohl laufen, ich konnte ihr noch nicht mal böse sein. Schließlich hatte ich die Wahl gehabt. Mir war saukalt, und ich ging wieder zum Sprungturm. Um meine Sachen zu holen. Diesmal kletterte ich runter.

MADELEINE D'ARCY

Sieht es hier aus wie in Schottland?

Fintan riecht heiße Pommes, sowie er die Kneipe betritt. Sein Magen knurrt, wird aber übertönt durch den quälenden Sound von ›Tainted Love‹, der aus der Musikbox in der Ecke kommt.

»Das hab ich seit Jahren nicht mehr gehört«, sagt Fintan, während er seinen Schwiegervater Sven zu einem bequemen Sessel in der Ecke führt. »Wann war das ein Hit? Ende der Achtziger?«

Sven weiß es nicht. Sein Schwiegervater könnte in seinem strapazierfähigen Anorak und den Gummistiefeln als Bauer aus West Cork durchgehen, aber in Wirklichkeit ist er ein Kleinstadtzahnarzt aus Schweden.

»Also, Sven«, sagte Fintan. »Was möchtest du trinken?«

Das weiß Sven. »Bimmisch.«

Fintan geht zum Tresen und bestellt zwei Pints Beamish. Eine gute Seite an Sven ist, dass er ein schönes Pint Stout zu schätzen weiß. Eine schlechte Seite an Sven ist, dass er nie eine Runde ausgibt. Fintan wollte eigentlich nur mit seiner Frau Annika nach Irland reisen, um ihr seine Heimat zu zeigen. Aber Annika bestand darauf, auch ihre Eltern mitzunehmen. Sie sind jetzt seit drei Tagen zusammen hier, und bisher hat Fintan alles bezahlt: Mahlzeiten, Hotels, Benzin. Alles.

Fintan sieht zu, wie das erste Pint aus dem Zapfhahn strömt. Die fast undurchsichtige schwarze Flüssigkeit wirbelt im Glas umher, der hellbraune Schaum steigt nach oben, und Fintans Stimmung hebt sich ein wenig. Er erinnert sich an Besuche im Creedons Hotel in Inchigeelagh, als er noch klein war, zusammen mit seinem Vater. Sein Vater trank »Einen für unterwegs«, und Fintan bekam Himbeerlimo und eine Tüte »Tayto«-Chips. Dann fuhren sie in dem grauen Morris Minor nach Hause, in die Berge bei Gortnahoughtee. Die Erinnerung ist so unmittelbar, dass Fintan zusammenfährt, als die Barfrau ihn anspricht.

»Darf es sonst noch etwas sein?« Sie lächelt.

»Könnte ich eine Tüte ›Taytos‹ haben, bitte? Käse und Zwiebeln, wenn das vorrätig ist.«

Dann schaut Fintan sich zu Sven um.

»Möchtest du?«, fragte er. »Oder Erdnüsse?«

»Nein.«

Fintan dreht sich wieder zur Barfrau um und bezahlt. Mit einem Pint in jeder Hand geht er vorsichtig zurück zu Svens Tisch, stellt die Pints behutsam auf Bierdeckel. Dann holt er die Chips und setzt sich neben Sven in einen Sessel.

»Das hätten wir«, sagt er. »Sláinte.«

Fintan und Sven stoßen an, dann trinkt jeder einen ausgiebigen Schluck.

Fintan fühlt sich jetzt langsam besser, aber es ärgert ihn trotzdem, dass seine Schwiegereltern nie auf die Idee kommen, auch einmal etwas zu bezahlen. Außerdem bedanken sie sich nicht. Vielleicht hängt das mit der schwedischen Kultur zusammen oder mit der Sprache, überlegt er. Vielleicht sagt man in Schweden nicht »Danke«, es sei denn, es handelt sich um etwas wirklich Wichtiges. Wenn er sich das richtig überlegt, dann ist »tack« auch ein extrem kurzes, schroffes, sehr *undankbares* Wort.

Fintan und Annika sind noch kein ganzes Jahr verheiratet. Vor drei Jahren hat er das Haus in Nord-London gekauft. Kurz darauf sagte seine damalige Freundin: *Fintan, du bist ein netter Junge, aber ich liebe dich nicht mehr. Das Feuer ist aus.*

Einige Monate später starb sein Vater, er war bereits Witwer. Nach der Beerdigung verlor Fintan das Interesse an seinem Haus in London, kümmerte sich nicht mehr darum, machte endlose Überstunden und blieb länger in der Kneipe, als es ratsam war.

Dann zog die schlanke blonde Sindy-Puppe Annika in ein Einzimmerappartement im Nachbarhaus und lockte ihn zurück ins Leben. Annika klopfte dauernd an seine Tür und brauchte etwas: Entweder sie hat ihre Schlüssel verloren, oder sie hatte Angst, im Haus könnte eine Ratte sein, die Heizung tropfte, oder ihr sind die Zigaretten ausgegangen … Sie war schon eine große Verführung, weshalb er wohl einfach nicht bemerkte, dass sie niemals »Danke« sagte oder wenigstens »tack«.

Als der Vermieter Annika eines Tages vor die Tür setzte, zog sie bei ihm ein. Der Sex mit ihr war umwerfend. Nach einer gemeinsam verbrachten Woche machte Fintan ihr einen Heiratsantrag. Sie sagte Ja, aber der Ring gefiel ihr nicht. Sie gingen zu »Aspreys« in der New Bond Street, wo sie sich einen fünfmal so teuren Ring aussuchte.

»Liebling, den möchte ich«, sagte sie. Hypnotisiert vor Glück zog er seine Kreditkarte heraus und unterschrieb bereitwillig ein Stück Papier, das der in einen teuren Anzug gewandte Verkäufer ihm auf einem Silbertablett präsentierte.

Annika sagte weder »Danke« noch »tack«. Sie war in die Bewunderung des Rings vertieft.

Fintan schlürft sein Pint, stopft sich eine Handvoll Chips in den Mund. Er schluckt zu schnell und würgt, deshalb trinkt er einen großen Schluck und wischt sich dann den Mund ab.

»Also, Sven, wie schmeckt dir das Pint?«

»Guud.«

»Wann die Frauen wohl kommen werden?«

Schweigen.

»Sollen wir schon in die Speisekarte schauen?«

Sven nickt und schaut sein Glas an.

»Okay, dann hole ich die mal.« Fintan steht auf, und sein Magen knurrt erwartungsvoll, als er sich dem Tresen nähert. Er holt vier fettige laminierte Speisekarten und geht zurück zu seinem bewegungslos im Sessel sitzenden Schwiegervater.

»Jesus, was hab ich dauernd für einen Hunger«, sagt er zu Sven. »Vielleicht hab ich Würmer.«

Sven sieht ihn an.

»Vergiss es«, sagt Fintan.

Sie trinken schweigend.

Die Tür geht auf, und Annika und ihre Mutter drängen sich durch die Menschenmenge. Annika trägt mehrere Plastiktüten. Annikas Mutter auch.

»Das war ein Schnäppchen«, sagte Annika, als sie ein Paar Designer-Gummistiefel aus einer Tüte zieht, rosa und mit Blumen bedruckt.

»Nur neunundsechzig Pfund«, sagte sie fröhlich.

Fintan hat den Verdacht, dass sie wieder ihre gemeinsame Kreditkarte benutzt hat, aber er traut sich nicht zu fragen. Sie wird sauer, wenn er versucht, über Geld zu reden, obwohl er ihr erklärt hat, dass es ihm nicht so viel ausmachen würde, wenn sie ihn wenigstens vor den finanziellen Schocks warnen könnte.

Annikas Mutter will Pfefferminztee.

»Ich glaube, wir haben hinten welchen«, sagt die Tresenfrau. Sie verschwindet.

»Nettes Mädchen«, sagt Fintan und schaut ihr nach.

Annika sieht ihn an und hebt eine Augenbraue.

Annikas Mutter schaut sich um. Es ist schwer, ihre Stimmung einzuschätzen. Ihre Hände sind knochig und viel älter als ihr Gesicht, das straff und angespannt wirkt, als kämpfe sie gegen starken Wind. Fintan darf eigentlich nicht wissen, dass ihr Gesicht geliftet ist. Annika hat ihm eingeschärft, es niemals zu erwähnen.

»Ist das in Ordnung hier?«, fragt Fintan seine Schwiegermutter.

»Ja, ja«, sagt Annikas Mutter.

»Weshalb dann das …?« Beinahe hätte er die Frage ausgesprochen *(Weshalb dann das lange Gesicht?)*, hält aber rechtzeitig inne. Seit sie London verlassen haben, gab es immer wieder Situationen, in denen er das Thema Schönheitschirurgie hätte ansprechen können.

»Wo bleibt die denn so lange?«, fragt Annika verärgert. »Muss die den Tee erst mal anpflanzen?«

Später schlendern sie durch die Straße. Die Sonne scheint, und eine salzige Brise weht von der Bucht her. Der gemietete Land Rover steht am Ufer und sieht aus wie in einer Fernsehreklame.

»Großartiges Teil, was?«, fragt Fintan. Er streichelt liebevoll das Armaturenbrett. »So eines hätte ich auch gern.«

»Ich dachte, du bist dagegen, die Umwelt zu ruinieren«, sagt Annika, als sie sich auf den Beifahrersitz sinken lässt.

»Na, wenn wir hier lebten, wäre es schon praktisch«, sagt Fintan. »Vor allem dort, wo wir jetzt hinfahren.«

Als er losfährt, schaltet er das Radio ein. ›*There's not enough love to go around, there's ... not enough*‹, singt eine Männerstimme einschmeichelnd.

»Zu laut!«, brüllt Annikas Mutter von der Rückbank.

»Yah, zu laut«, stimmt Sven zu.

»Okay, okay«, sagt Fintan.

Annika dreht das Radio leise.

Sonnenschein strömt in den Wagen. Fintan tastet auf dem Armaturenbrett herum, findet seine Sonnenbrille und setzt sie auf.

»Gefällt es dir hier?«, fragt er seine Frau und schenkt ihr einen raschen Blick. »Ist das nicht viel schöner als Nord-London?«

»Es ist anders.«

»Das stimmt allerdings. Weißt du noch, die Schießereien in Green Lanes vor ein paar Jahren? Zweitausenddrei? Da war Nord-London wirklich wie der Wilde Westen.«

»Echt?«, fragt Annika ungläubig.

»Weißt du das nicht mehr? Mein alter Kumpel Attila, der mit dem Lebensmittelladen an der Ecke, ... der wäre dabei fast erschossen worden.«

»Echt?«, fragt Annika noch einmal.

»Er hat den Kürbis noch ewig aufbewahrt, der die Kugel abgekriegt hatte. ›Beweisstück A‹ hat er ihn genannt. Ich bin wenige Minuten vor dem Schusswechsel am Laden vorbeigegangen. Das hätte auch *mein* Kopf sein können.«

»Na, mir gefällt London. Du hast da eine gute Stelle. Ich verdiene zwar nicht so viel wie du, aber für meine Klamotten kriege ich Angestelltenrabatt ...«

»Du ... Du könntest dir also nicht vorstellen, hierherzuziehen?« Fintan reißt seine Augen von der Straße los, um Annika wieder anzusehen.

»London ist in Ordnung«, sagt sie und blickt unverwandt nach vorne auf die Straße.

Fintan hat Annika nichts von der Wiese gesagt. Es soll eine Überraschung sein. Beim Tod seiner Mutter war er erst sechs gewesen und hat nur vage Erinnerungen an sie, die größtenteils auch von alten Fotos herrühren. Fintan erinnert sich jedoch an alles, was mit seinem Vater zu tun hat. Sie haben hier jahrelang allein zusammengelebt, auf dem Hof gearbeitet und sich um »die Wiese da oben« gekümmert. Sein Vater war sentimental, was »die Wiese da oben« anging. Er hatte sie sogar in den schlechten Zeiten behalten können.

Wenn ich zu Geld komme, Fintan, dann bringe ich das Haus in Ordnung. In diesem Haus, das weißt du, bin ich nämlich geboren worden.

Nach dem Tod des Vaters hat Fintan den Hof verkauft, aber die Wiese behalten. Das kleine Haus in der Mitte steht seit Jahren leer. Es ist die Sorte Haus, die es hier oft gibt: überwuchert mit Efeu und Kletterpflanzen, zwei Zimmer oben, zwei Zimmer unten. Ein befreundeter Architekt war enthusiastisch: *Das ist eine fantastische Lage, Fintan. Ich würde gern einen Entwurf für dich machen. Moderner Anbau hinten, jede Menge Glas, doppelte Deckenhöhe ... wir behalten das alte Haus vorn. Wir wollen die einheimische Bauweise doch respektieren. Wunderschön.*

»Wohin fahren wir?«, fragt Annika. »Zu diesem Google Barry, von dem du geredet hast?«

»Nein«, sagt er. »Wir fahren in die Berge. Es wird dir gefallen. Wir können morgen nach Googane Barra fahren, wenn du Lust hast.« Sein Magen knurrt.

Als es in die Berge geht, wird die Straße immer enger und holperiger, bis sie nur noch ein Feldweg ist. Endlich hält Fintan vor einer überwucherten Hecke, hinter der sich das verlassene Häuschen verbirgt.

Er öffnet das verrostete Tor neben dem Haus und betritt die Wiese. Sonnenstrahlen fallen auf Glasscherben, die auf dem Weg hinterm Haus liegen. Es ist so still, dass er ein Kaninchen hören kann, ehe es nur wenige Meter vor ihm her über das Feld hüpft, gerade als Annika und ihre Eltern hinter ihn treten.

»Ist das schlammig hier?«, fragt Annika schlechtgelaunt. »Ich will mir nicht die Schuhe ruinieren.«

Fintan starrt die Wolken an, die unten im Tal hängen. Sie befinden sich so dicht an der Kante des Berges und sehen aus, als ob man sie anfassen könnte. Er erinnert sich an eine Zeit, als er geglaubt hatte, er könnte auf eine dieser Wolken steigen und mit ihr davonschweben.

Es ist heiß heute, obwohl eine leichte Brise weht. Die Coillte-Wälder an den Berghängen sind in unregelmäßigen Abständen gerodet worden, und Fintan muss an einen schlechten Haarschnitt denken. Nur ein einziges Bauernhaus ist zu sehen, Meilen entfernt. Überall gibt es Abstufungen von Grün und Blau und Grau und Braun, und wenn sich die Wolken bewegen, dann wandern auch die Schatten auf den nahegelegenen Hügeln mit.

Fintan weiß, dass hier im Winter stürmische Winde wehen, die das alte Gartentor eine Melodie pfeifen lassen, die niemand anderes singen kann. Er weiß, wenn er ruft, wird er seine Stimme als Echo von den Hügeln und aus dem Wald hören. Er hat dieses Echo immer geliebt, weil es ihn glauben ließ, nicht allein zu sein.

Aber jetzt ruiniert Sven ihm die Aussicht, der am Rand der Wiese entlangwandert und seine Schritte zu zählen scheint.

Fintan beschließt, ihn zu ignorieren, und wendet seinen Blick in die andere Richtung, wo er seine Schwiegermutter neben Annika stehen sieht. Vielleicht liegt es am Liften ... nein, das ist nicht der einzige Grund. Auf einmal stellt er fest, welche bemerkenswerte Ähnlichkeit Annikas Profil mit dem ihrer Mutter aufweist. Fintan kann die Nase sehen (ein bisschen zu groß), das energische Kinn, die leicht, aber dauerhaft nach unten gezogenen Mundwinkel, die dem Gesicht stets einen missgelaunten Ausdruck verleihen.

Annikas Mutter scheint die Aussicht zu gefallen.

»Was meint ihr?«, fragt Fintan. »Schön hier, nicht wahr?«

Sie schweigen.

»Sieht es hier aus wie in Schottland?«, fragt Annikas Mutter.

Fintan holt tief Luft.

»Warum wolltest du unbedingt herkommen?«, fragt Annika. »Das ist doch bloß eine Wiese.«

Fintan überlegt. Nur kurz.

»Einfach so«, sagt er dann. »Ich hatte keinen besonderen Grund.«

MAX OSSWALD

Hier, jetzt

Ich sitze alleine auf dem Balkon und starre perplex in den Nachthimmel. Die Sterne sehen aus, als hätten sie sich extra rausgeputzt, funkelnd, hell, man kann sie alle erkennen, keinerlei Wolken, es war ein surreal schöner Tag. Für uns eine kleine Premiere, denn bislang war das Wetter, wenn wir uns gesehen haben, immer so schlecht, dass wir schon meinten, wir könnten diese besondere »Fähigkeit« als Dienstleistung anbieten, um Dürreperioden in Krisengebieten zu beenden.

Du liegst im Bett, ich nicht, noch nicht, ich grüble und schweife kurz ab, weil ich den Großen Wagen entdeckt habe und mir ein dummes Wortspiel überlege mit »groß was wagen«, weil es gerade irgendwie passt, aber es haut nicht hin, mir fällt nichts ein.

Rückblende, vierzehn Stunden vorher. Wir wachen langsam auf, und noch schlaftrunken nennst du mich »Liebster«, was normalerweise meinen Fluchtinstinkt triggert, mich in unserem Fall aber dazu bringt, mich noch näher an dich heranzurobben und in den Arm zu nehmen. »Es ist schön, dass du immer noch da bist«, sagst du, »wir haben das Wochenende verarscht.« Ich muss lächeln, und wir dösen noch mal ein, bevor wir uns schließlich aus dem Bett wälzen. Immer wenn du mir schreibst, dass du schlafen gehst, benutzt du Formulierungen wie »Ich bin schon ein Taco«, »eine Frühlingsrolle«, »Schwups, ein Biskuitrollkuchen«, »ein Burrito«, und ich stelle mir dabei vor, wie du dich in deinen imaginären Burrito, die Festung aus Decken und Flausch (wie du sagen würdest) rollst, und muss dabei schmunzeln. Jetzt und hier sehe ich die Entrollung live und in Farbe, du schlüpfst aus deinem Kokon und schlägst mit den Flügeln.

Manchmal brauchen wir drei Stunden, um zu frühstücken, und das nicht nur, weil ich tatsächlich sehr langsam esse, sondern weil wir der lebendige Beweis dafür sind, dass Einstein Recht hatte und Zeit relativ ist. Weil es völlig egal ist, mir zumindest, *was* wir tun, egal, ob wir kochen, essen, neue Wörter erfinden, wie »anhamstern« oder »wundertütig«, ob wir diskutieren, uns etwas erzählen, uns umarmen, küssen, miteinander schlafen oder danach Fotos von meinem unfassbar zerkratzten Rücken machen und diese dann nach Muster und Intensität auswerten. Hauptsache, wir tun es zusammen.

Als wir die Straße entlangschlendern, wandert deine Hand plötzlich zu meiner, und als wäre es ein Urinstinkt, wandert meine deiner entgegen und hakt sich mit einer Selbstverständlichkeit ein, als hätten die beiden das seit Jahren einstudiert, diese kleine Choreographie der Geborgenheit. Du sagst später, das sei für dich total ungewöhnlich, das würdest du eigentlich nie tun, und weil ich keinen Wettstreit daraus machen möchte, halte ich mich zurück, zu sagen: »Ich bitte dich, *bring it on:* ICH halte NIE Händchen, weil ich emotional so gut wie NIEMANDEN an mich ranlasse, HAHAHA!«

Nachdem wir in der ganzen Stadt fleißig FUCK-AFD-Sticker verteilt haben, landen wir in deinem Lieblingscafé. »Die haben die besten Törtchen, die du jemals essen wirst«, hast du gesagt, und auch wenn ich solche Superlative nie benutze und bei ihnen immer skeptisch werde, hätte ich vor Freude einen Kopfstand machen können, als ich sehe, wie sehr du strahlst, als du dir mit der Gabel ein winziges Stück nach dem anderen in den Mund schiebst und jeden Bissen mit einer geradezu meditativen Ruhe und kindlichen Freude genießt, wie ich selten jemanden etwas habe genießen sehen. Hätte man diese Freude durch Kuchen linear steigern können, hätte ich am liebsten einen Kredit aufgenommen und den ganzen Laden leergekauft.

Ich mag, dass du dich so freuen kannst. Dass du, wenn du dich freust, nicht sagst, dass du dich freust, sondern so was wie »mein Kopf tanzt« – und das, obwohl ich bei solchen Formulierungen normalerweise mit den Augen rolle. Ich mag, dass du Dinge sprachlich gleichzeitig reduzierst und steigerst, das finde ich echt ein kleines bisschen ganz arg süß. Ich mag, dass ich mir komische neue Wörter von dir angewöhne, die ich eigentlich nie sagen würde, im Leben nicht, aber weil ich dich mag, mag ich sie auch und fange an, sie pausenlos zu benutzen, fast öfter als du. Zumindest innerlich, weil es mir peinlich ist, wenn das zu offensichtlich wird und du es bemerkst. Unter anderem »lol«. Den Scheiß musste ich mir nach meiner Teenie-Zockerphase jahrelang hart abtrainieren, doch nach ein paar Wochen mit dir ist es wieder fester Bestandteil meines Wortschatzes. Lol.

Ich mag, dass du Second-Hand-Klamotten trägst, dass du dir die Zeit nimmst, auf Flohmärkte zu gehen und dort für zwei Euro ein Porzellanset mit Teekanne und acht Tassen kaufst. Ich mag, dass du, wenn wir zusammen durch die Gegend bummeln, anhältst und sagst »Es riecht nach frisch gemähtem Gras«, und dank dir und trotz meines miserablen Geruchssinns erhasche ich dann tatsächlich etwas von dem Duft.

Ich mag, dass ich mich bei dir so wohlfühle, dass ich jeden noch so dummen Wortwitz, jeden noch so nervigen Ohrwurm, jeden noch so bescheuerten Gedanken direkt und ohne nachzudenken rausplappern kann. Und was ich sehr mag: Manchmal, wenn ich etwas besonders Dummes mache oder sage, ob bewusst oder unbewusst, kommt bei dir dieses urkindliche, natürliche, unverfälschte, reine Lachen zum Vorschein, gegen das man sich nicht wehren kann, das vorab keinen gesellschaftlichen Filter durchläuft, ein Kichern, das klingt, als ob du ganz wohlig gekitzelt werden würdest, obwohl du gar nicht kitzelig bist, ein Kitzeln, von dem du auch gar nicht willst, dass es aufhört. Ein Lachen, das mir klar macht, wie schön das Leben sein kann, wenn auch nur für diesen einen kurzen Augenblick, und dass die Welt vielleicht gar nicht so beschissen ist, wie sie aussieht. Um dieses Lachen hören und sehen zu können, würde ich nicht nur einmal gegen einen Laternenpfahl laufen oder beim Kochen die Hälfte der Sahne *neben* die Pfanne kippen, weil »ich es halt ein bisschen schwungvoll machen wollte«.

Ich mag dich. Und wahrscheinlich ein bisschen mehr als das. Ich hab dich lieb. Und vielleicht auch ein bisschen mehr als das. In den letzten Wochen hat mir nichts und niemand so viel Halt gegeben wie du. Das ist ziemlich schräg, da ich dich in den letzten Wochen erst kennengelernt habe. Vor zwei Monaten warst du noch eine Fremde, irgendein Facebook-Kontakt, jetzt bist du die Erste, die von jedem Tief und jedem Hoch weiß, die ich um Rat frage oder der ich dämliche, halbwitzige Bilder aus meinem Alltag schicke, und jedes Mal, wenn ich den Kalender aufschlage, suche ich nach einer Möglichkeit, wie wir uns treffen können.

Wir flanieren noch eine Weile durch die grünen Flecken der sonst ziemlich grauen Stadt. Ich schaue immer wieder zu dir rüber und sehe dich grinsen. Ich mag das, was du ausstrahlst, was auch immer es genau ist, ob Glück oder Zufriedenheit oder Freude, ich weiß es nicht, aber es gefällt mir. Schließlich kommen wir bei dir zu Hause an, sitzen auf dem Balkon und essen Nudeln mit einer von mir »schwungvoll« kreierten Sahnesoße.

Während das Strahlen der Sonne schwindet, schwindet auch das in unseren Gesichtern. Du hast mich schon einmal vor dir gewarnt; du würdest oft eine Spur der Verwüstung hinterlassen, man baue zu dir sehr schnell Nähe auf und könne dann oft nicht damit umgehen, dass es doch nicht so ernst ist, wie man denke.

Ich weiß die Reihenfolge des Gesagten nicht mehr, aber jetzt, hier, fragst du dich, ob du das mit uns im Keim ersticken solltest, denn irgendwie hat das mit dem Nichtvermissen und Alleslockerangehen bisher immer gut geklappt, nur dieses Mal nicht, denn obwohl wir zum ersten Mal über vierundzwanzig Stunden miteinander verbracht haben, fühlst du dich immer noch wohl, das sei ungewöhnlich, normalerweise wird dir das immer zu viel. Du meinst, wenn wir so weitermachen, verknallst du dich auf jeden Fall in mich, ich denke daran, wie du heute gestrahlt hast, druckse rum und warne dich ebenfalls vor mir oder davor, dass eventuell Gefühle entstehen und verletzt werden könnten, denn das Letzte, was ich will, ist zu wissen, dass es dir schlecht geht und dass ich der Grund dafür bin. Du meinst, das sei dann dein Problem. Du sagst, du findest es irgendwie komisch, dass ich an dir Interesse habe, da wir ziemlich unterschiedlich sind, was klassische Coolness betrifft, wobei in unserem Fall ich der Coole von uns beiden wäre, ich denke »lol« und sage, klassische Coolness ist Bullshit. Du schmunzelst. Du sagst auch, du findest es merkwürdig, dass ich alle Treffen mit anderen Frauen abgesagt habe, nachdem das mit uns losging, ich dieses Paarhundert-Kilometer-Fern-Etwas zwischen uns aber trotzdem kritisch sehe.

Wir reden eine Weile weiter, tun dann noch irgendwas, ich habe vergessen, was, bis du schließlich ins Bett gehst. Ich nicht. Ich setze mich wieder auf den Balkon und betrachte gedankenverloren die Sterne, als ob sie mir irgendwie helfen könnten.

Ich weiß es nicht. Ich weiß nicht, was das mit uns ist, aber was genau das mit uns ist, ist mir eigentlich auch egal, es fühlt sich echt und richtig an, und was sich echt und richtig anfühlt, kann zumindest hier, jetzt, für den Moment, nicht allzu falsch sein. Aber ich weiß auch, dass man gerade am Anfang dazu tendiert, alles zu idealisieren, und dass Sehnsucht eine verdammt gute Zauberkünstlerin ist. Aber vielleicht ist Magie auch ganz einfach dann echt, wenn man daran glaubt und nicht immer hinter die Kulissen schaut.

Da sitze ich nun und grüble. Ich weiß, dass nichts ewig hält. Und ich weiß, dass das mit uns früher oder später schiefgeht, weil ich weiß, dass das mit Distanz nicht funktioniert. Nie. Aber ich weiß auch, dass wir uns unfassbar guttun und dass wir, wenn wir miteinander Zeit verbringen, nichts brauchen außer uns. Vielleicht ist das bei dir anders, aber ich weiß, dass wenn wir zusammen sind, zumindest für mich Ort und Zeit und Was und Wie egal sind und dass es dir zumindest ein ganz kleines bisschen auch so geht.

Und ich weiß, dass Verkopfen noch nichts besser gemacht hat und man kopftechnisch nie auf demselben Level ist. Und ich weiß auch, dass es noch nichts schlechter gemacht hat, wenn man etwas verherzt, aber man herztechnisch auch nie auf demselben Level ist und dass es weh tut, wenn das zu weit fortschreitet. Zumindest wenn es einseitig zu weit fortschreitet, denn wer dieses Wettrennen gewinnt, verliert meist.

Aber ich will kein Wettrennen. Ich will einen gemütlichen Spaziergang zu zweit, gleichzeitig loslaufen, gleichzeitig ankommen und die Strecke dazwischen ebenso gemeinsam zurücklegen. Und vielleicht ist er nach kurzer Zeit vorbei, vielleicht nach ein bisschen mehr als nur kurzer Zeit, vielleicht nie, aber darum geht es ja gar nicht, sondern darum, ob er schön ist, ob er Spaß macht, ob man den gemeinsamen Weg gern geht und gern gegangen ist. Und wenn der Weg das Ziel ist, kommt es doch letztendlich nur auf die Begleitung an.

Ich denke über all das nach und habe das Gefühl, nichts mehr zu wissen. Das Einzige, was ich noch weiß, ist: Ich will nicht, dass es vorbei ist.

»Kommst du ins Bett?«, fragst du wie aus dem Nichts, stehst in der Balkontür neben mir und lässt damit kurzerhand meinen Gedanken-Wirbelsturm abklingen.

»Gleich«, antworte ich, sammle meine Sachen und, so gut es geht, auch mich und lege mich zu dir, hier, jetzt, lege meine Arme um dich, und alles, was ich weiß, ist, dass ich nirgendwo lieber wäre als hier, jetzt, mit dir im Bett.

DIE AUTORINNEN UND AUTOREN

Ewald Arenz, geboren 1965, studierte englische und amerikanische Literatur sowie Geschichte. Er arbeitet als Lehrer an einem Gymnasium in Nürnberg. Seine Werke sind mit zahlreichen Preisen ausgezeichnet worden. Zuletzt stand er mit seinen Romanen ›Alte Sorten‹ (2019) und ›Der große Sommer‹ (2021) wochenlang auf den Bestsellerlisten. Der Autor lebt mit seiner Familie in der Nähe von Fürth.

(Abdruck mit freundlicher Genehmigung des Verlags ars vivendi, Cadolzburg. Aus: Ewald, Sigrun und Helwig Arenz, Unsere kleine Welt, Cadolzburg 2016)

Sveinbjörn I. Baldvinsson, geboren 1957 in Reykjavik, studierte Literaturwissenschaft, Dänisch und Dramaturgie in Island und Kalifornien. Neben seiner Arbeit als Fernsehproduzent und Programmleiter für das isländische Fernsehen unterrichtet er Dramaturgie u. a. an der Filmschule im norwegischen Lillehammer. Er schreibt Lyrik, Kurzgeschichten, Romane, Theaterstücke.

(Deutsch von Hartmut Mittelstädt. Aus: Wortlaut Island. Isländische Gegenwartsliteratur. Hg. von Franz Gíslason, Sigurður A. Magnússon und Wolfgang Schiffer (edition die horen 26, hg. Johann P. Tammen, Bremerhaven 2000)

Dietmar Bittrich ist ein Hamburger Autor und Herausgeber. Er war viele Jahre als Reisereporter und Begleiter auf Studienfahrten unterwegs gewesen. Für dtv sammelte er dabei u. a. ›Böse Sprüche für jeden Tag‹ und kurze Geschichten vom Reisen: ›Müssen wir da auch noch hin?‹. Zuletzt erschien bei dtv sein Bestatter-Krimi ›Grab tiefer‹. Mehr über den Autor unter: www.dietmar-bittrich.de

(dtv Verlagsgesellschaft mbH & Co. KG, München. Aus: D. Bittrich, Wer später kommt, hat länger Zeit, München 2022)

T. Coraghessan Boyle, geboren 1948 in Peekskill/New York im Hudson Valley, entdeckte seine Liebe zum Schreiben während des Geschichtsstudiums. Heute zählt er zu den bekanntesten und produktivsten amerikanischen Autoren. Für seinen Roman ›World's End‹ erhielt er 1987 den PEN/Faulkner-Preis. Er lebt mit seiner Familie in Kalifornien und unterrichtet an der University of Southern California in Los Angeles. Mehr über den Autor: www.tc-boyle.de

(Abdruck mit freundlicher Genehmigung des Carl Hanser Verlags, München. Aus: T. C. Boyle, Good Home Stories. Deutsch von Dirk van Gunsteren, München 2018)

Alex Capus, 1961 in der Normandie geboren, studierte Geschichte, Ethnologie und Philosophie in Basel. Er war als Journalist bei verschiedenen Schweizer Tageszeitungen tätig. 1997 veröffentlichte er seinen ersten Roman ›Munzinger Pascha‹, dem viele weitere folgten. ›Léon und Louise‹ wurde zu einem internationalen

Bestseller. Zuletzt erschien sein Roman ›Susanna‹ (2022). Alex Capus lebt als freier Schriftsteller in Olten in der Schweiz.

(Abdruck mit freundlicher Genehmigung des Autors. © 2023 Alex Capus)

Benjamin Cors ist politischer Fernsehjournalist und hat viele Jahre für die ARD-Tagesschau, die ARD-Tagesthemen und den Weltspiegel berichtet. Heute arbeitet er für den SWR. Er ist Deutsch-Franzose und hat die Sommer seiner Kindheit in der Normandie verbracht. Bei dtv erscheint seine erfolgreiche Normandie-Krimireihe um den Personenschützer Nicolas Guerlain. Mit seiner Familie lebt er in der Nähe von Wiesbaden.

(Erstveröffentlichung. Abdruck mit freundlicher Genehmigung des Autors. © 2023 Benjamin Cors)

Donna Daponte ist das dritte Pseudonym einer deutschen Autorin, die als Jugendliche viel Kafka las. Dessen kleine Geschichte ›Die Brücke‹ hielt Donna allerdings lange vom Schreiben ab, denn sie war überzeugt, echte Schriftsteller seien immer unglücklich. Bis sie beschloss, dann eben eine unechte Schriftstellerin zu werden und trotzdem echte Geschichten zu schreiben – mit Brücken über Abgründen, die nicht einstürzen, wenn man sie betritt.

(Erstveröffentlichung. Abdruck mit freundlicher Genehmigung der Autorin. © 2023 Donna Daponte)

Madeleine d'Arcy ist eine irische Autorin. Sie studierte Creative Writing in Cork und gewann mit ihrem Erzäh-

lungsdebüt-Band ›Waiting for the Bullet‹ 2015 den britischen Edge Hill Readers' Choice Prize.

(Deutsch von Gabriele Haefs. Abdruck mit freundlicher Genehmigung der Autorin. © 2023 Madeleine
d'Arcy)

Don DeLillo, 1936 geboren in New York, ist der Autor
von zahlreichen Romanen und Theaterstücken. Sein um-
fangreiches Werk wurde mit dem National Book Award,
dem PEN/Faulkner Award for Fiction, dem Jerusalem
Prize und der William Dean Howells Medal from the
American Academy of Arts and Letters ausgezeichnet.
2015 erhielt Don DeLillo den National Book Award
Ehrenpreis für sein Lebenswerk.

(Abdruck mit freundlicher Genehmigung. Verlag
Kiepenheuer & Witsch GmbH & Co. KG, Köln. Aus:
D. DeLillo, Der Engel Esmeralda, aus dem amerika-
nischen Englisch von Frank Heibert)

Marlies Ferber, geboren 1966, studierte Sinologie in
Deutschland, China und den Niederlanden und arbeitete viele Jahre als Verlagslektorin, bevor sie sich ganz
dem Schreiben und Übersetzen widmete. Für dtv
schrieb sie die originelle vierbändige 0070-Krimi-Reihe
um den britischen Ex-Agenten James Gerald im Ruhe-
stand. Zuletzt erschien bei dtv ihr Roman ›Wohin die
Reise geht‹.

(Erstveröffentlichung. Abdruck mit freundlicher Genehmigung der Autorin. © 2023 Marlies Ferber)

Axel Hacke, 1956 in Braunschweig geboren, lebt als Schriftsteller und Journalist in München. Er arbeitete zwanzig Jahre für die ›Süddeutsche Zeitung‹, in deren Magazin bis heute seine Kolumne ›Das Beste aus aller Welt‹ erscheint. Seine journalistische Arbeit wurde mit vielen Preisen ausgezeichnet, und seine Bücher, zu denen Bestseller wie ›Der kleine Erziehungsberater‹ (1992), ›Der kleine König Dezember‹ (2000) und ›Der weiße Neger Wumbaba‹ (2004) gehören, wurden in zahlreiche Sprachen übersetzt.

(Abdruck mit freundlicher Genehmigung des Antje Kunstmann Verlags, München. Auszug aus: A. Hacke, Ein Haus für viele Sommer, München 2022)

Dora Heldt, 1961 auf Sylt geboren, ist gelernte Buchhändlerin und lebt heute in Hamburg. Mit ihren Romanen führt sie seit Jahren die Bestsellerlisten an, die Bücher werden regelmäßig verfilmt. Weitere Informationen unter www.dora-heldt.de

(dtv Verlagsgesellschaft mbH & Co. KG, München. Aus: D. Heldt, Sommer. Jetzt!, München 2018)

Diana Hillebrand ist Autorin und Dozentin und lebt mit ihrer Familie in ihrer Wahlheimat München. Seit 2006 gibt sie Kurse im Kreativen Schreiben in ihrer »WortWerkstatt SCHREIB&WEISE«. Sie hat mehrere Bücher und Kurzgeschichten veröffentlicht und eine Vielzahl von Fachartikeln. 2013 wurden zwei ihrer Kinderbücher für einen Jugendsachbuchpreis nominiert.

(Abdruck mit freundlicher Genehmigung des Volk

Verlags, München. Aus: D. Hillebrand, Isarrauschen,
München 2022)

Jess Jochimsen, 1970 geboren, lebt als Autor und Kaba-
rettist in Freiburg. Seit 1992 tritt er auf allen bekannten
deutschsprachigen Bühnen auf und erzählt dort meist
lustige Geschichten, zeigt immer schlimme Dias und
singt oft traurige Lieder. Ausgezeichnet wurde er u. a.
mit dem Kleinkunstpreis Baden-Württemberg 2011. Zuletzt erschien bei dtv von ihm sein Roman ›Abschluss-
ball‹.

(dtv Verlagsgesellschaft mbH & Co. KG, München.
Aus: J. Jochimsen, Mama und Papa hatte ich nicht, ich
musste Renate und Eberhard sagen, München 2018)

Frieda-Alice Kahro, Ende der Sechzigerjahre in Süd-
deutschland geboren, studierte Germanistik in München und Dijon. Seit vielen Jahren arbeitet sie in verschiedenen Professionen mit Büchern. Sie lebt mit ihrer
Familie in München. Frieda-Alice Kahro ist ein Pseudonym.

(Erstveröffentlichung. Abdruck mit freundlicher Genehmigung der Autorin. © 2023 Frieda-Alice Kahro)

Wladimir Kaminer wurde 1967 in Moskau geboren.
Er absolvierte eine Ausbildung als Toningenieur für
Theater und Rundfunk und studierte danach Dramaturgie am Moskauer Theaterinstitut. Seit 1990 lebt er mit
seiner Familie in Berlin. Bekannt wurde er als Veranstal-
ter der legendären Russendisko. Er ist Radiomoderator,
Kolumnist und Autor und gern gesehener Gast in Talk-
shows.

(Abdruck mit freundlicher Genehmigung. © 2019 Wunderraum, München, in der Penguin Random House Verlagsgruppe GmbH. Aus: W. Kaminer, Liebeserklärungen)

Julia Karnick lebt und schreibt in Hamburg – unter anderem Kolumnen in der FÜR SIE und Bestseller übers Hausbauen (›Ich glaube, der Fliesenleger ist tot!‹, 2012). 2022 erschien bei dtv ihr erfolgreiches Romandebüt ›Am liebsten sitzen alle in der Küche‹.
(Aus: J. Karnick, Wer sonst, wenn nicht wir. Die besten Brigitte-Kolumnen, Hamburg 2006. Abdruck mit freundlicher Genehmigung der Autorin.)

Mariana Leky studierte nach einer Buchhandelslehre Kulturjournalismus an der Universität Hildesheim und schreibt seit über zwanzig Jahren Erzählungen und Romane. 2017 veröffentlichte sie ihren Bestsellerroman ›Was man von hier aus sehen kann‹, der in über zwanzig Sprachen übersetzt und für das Kino verfilmt wurde. Sie lebt in Berlin und Köln.
(Abdruck mit freundlicher Genehmigung des DuMont Buchverlags, Köln. Aus: M. Leky, Kummer aller Art, Köln 2022)

Sabrina Nau lebt als freie Autorin mit ihrer Familie in einem Haus am Wald. Sie schreibt Romane, Kurzgeschichten und Kinderbücher. Im Sommer 2021 wanderte sie mit der Eselstute Salomé in Südfrankreich ein Stück auf dem Stevenson-Weg. Die vorliegende Geschichte ist ein Auszug aus dem Roman ›Ein Sommer mit Esel‹, erschienen bei dtv. Sabrina Nau ist ein Pseudonym.

(dtv Verlagsgesellschaft mbH & Co.KG, München.
Auszug aus: S. Nau, Ein Sommer mit Esel, München
2023)

Max Osswald, 1992 geboren, lebt als Autor und Comedian in München. Er schreibt für verschiedene Formate (u. a. ›Extra 3‹), ist Teilnehmer der 34. Drehbuchwerkstatt an der HFF München (Writer's Room), war 2019 im Finale des NightWash Talent Awards, 2022 im Finale des Quatsch Comedy Hot Shots, und vielleicht gewinnt er sogar irgendwann mal irgendwas. Bei dtv ist sein Debüt-Roman erschienen, ›Von hier betrachtet sieht das scheiße aus‹ (2022).

(Abdruck mit freundlicher Genehmigung des Autors.
© 2023 Max Osswald)

Astrid Ruppert arbeitete nach ihrem Literaturstudium als Dramaturgin und Producerin für das Fernsehen und begann während einer unfreiwilligen Auszeit mit dem Schreiben. Einige ihrer Romane wurden verfilmt. So zählt ›Obendrüber, da schneit es‹ zu den beliebtesten Weihnachtsfilmen im deutschen Fernsehen. Bei dtv ist ihre erfolgreiche Roman-Trilogie über die bewegenden Lebensgeschichten vierer Frauen einer Familie erschienen (›Leuchtende Tage‹, ›Wilde Jahre‹, ›Ein Ort, der sich Zuhause nennt‹).

(Erstveröffentlichung. Abdruck mit freundlicher Genehmigung der Autorin. © 2023 Astrid Ruppert)

Max Scharnigg, 1980 in München geboren, ist Journalist und Autor. Sein Romandebüt ›Die Besteigung der Eiger-Nordwand unter einer Treppe‹ (2010) wurde mit dem Bayerischen Kunstförderpreis sowie dem Mara-Cassens-Preis ausgezeichnet. Weitere Bücher folgten. Seit 2014 ist er Redakteur der ›Süddeutschen Zeitung am Wochenende‹. Mehr über den Autor unter www.scharnigg.de

(Abdruck mit freundlicher Genehmigung des Verlags Hoffmann & Campe, Hamburg. Aus: M. Scharnigg, Die Stille vor dem Biss, Hamburg 2021)

Florian Schneider, geboren 1972 in Mainz. Studium der Katholischen Theologie und Germanistik in Regensburg und Wien, Abschluss M. A. Seit 2016 Mitglied des Berliner Autorenforum e. V. Lebt in Oberschwaben und Berlin. Verfasser von Kurzgeschichten und Gedichten. 2020 erschien die Erzählung ›Zeichnungen‹ im dtv-Urlaubslesebuch und 2019 die Erzählung ›Minimalinvasiv‹ in der Wettbewerbsanthologie ›Makellose Männer‹ des Berliner Autorenforum e. V. Im Hauptberuf arbeitet er für eine medizinische Fachgesellschaft.

(Abdruck mit freundlicher Genehmigung des Periplaneta Verlags, Berlin. Aus: F. Schneider, Polarstation. Erzählungen, Berlin 2022)

Trotz umfassender Bemühungen konnten nicht alle Rechteinhaber ermittelt werden. Der Verlag verpflichtet sich, geltend gemachte Ansprüche angemessen zu honorieren.